DE L'ÉLÉMENT GALLIQUE

ET

DE L'ÉLÉMENT GERMANIQUE

DANS LE CODE NAPOLÉON [1],

PAR M. BENECH,

PROFESSEUR EN DROIT A TOULOUSE,
Secrétaire perpétuel de l'Académie de législation de la même ville.

I. Tout le monde connaît le mouvement qui, depuis un quart de siècle, a entraîné les esprits vers les études historiques et les a portés ainsi à rechercher les origines de notre droit actuel. La nation française étant formée du triple élément gallique, romain et germanique, il était naturel que l'exploration scientifique se reportât d'une manière spéciale et individuelle sur le contingent que chacun de ces éléments a fourni à nos institutions juridiques modernes.

En laissant à l'écart pour le moment ce que le droit romain a versé dans notre droit national, je me propose d'étudier uniquement aujourd'hui ce que celui-ci peut avoir recueilli du droit gallique ou du droit germanique.

Dans les deux derniers siècles, des jurisconsultes et des écrivains distingués accordèrent au droit gallique une très-

[1] Ce travail a été communiqué par l'auteur à l'Académie de législation de Toulouse, dans ses séances des 3 et 31 mars 1852.

grande influence sur le droit français; il faut compter parmi eux, en première ligne, Thomas de la Thaumassière [1] et Pierre Grosley [2]. Les institutions germaniques ont été étudiées avec un soin tout particulier dans le dix-huitième siècle par des publicistes nombreux, et, notamment, par MM. de Boulainvilliers, l'abbé de Mably, et surtout par Montesquieu.

Les publications du dix-septième siècle, et notamment celles de Lindenbrog et de Baluze donnèrent l'élan à ce retour vers les coutumes et les lois des Francs. Le seizième avait beaucoup fait pour l'école historique du droit romain, qu'il devait élever jusqu'à son apogée. Il avait inauguré aussi, de la manière la plus brillante à la fois et la plus solide, l'école historique du droit français; mais les jurisconsultes les plus illustres de cette école, Dumoulin, Pithou, Loysel, Guy Coquille et quelques autres, n'étaient pas remontés, en général, au delà du moyen âge, où ils étaient allés chercher toutes les origines du droit coutumier [3]. Ils semblent avoir épuisé leurs efforts et leur activité intellectuelle à soutenir la grande lutte que leurs contemporains avaient engagée contre la féodalité, la théocratie et le pouvoir absolu. Une telle lutte absorba, pour ainsi dire, leur existence et ne leur permit pas de faire remonter leurs explorations jusqu'au berceau de la monarchie des Francs. Les études de ces origines les plus reculées ont été reprises de nos jours avec une grande activité. Aux travaux de MM. Amédée Thierry et Fauriel sur la Gaule, de MM. Guizot, Augustin Thierry, de Sismondi et Lehuerou sur l'origine et l'établissement

---

[1] *Coutumes du Berry.*

[2] *Recherches pour servir à l'Histoire du droit français.*

[3] Il est juste de faire une exception à l'égard d'Etienne Pasquier, en faveur de ses *Recherches sur la France.*

des Francs dans les Gaules, sur les usages qu'ils y importè-
rent, sur la véritable couleur des âges mérovingiens et carlovingiens, dégagés des fictions dont on les avait obscurcis,
sont venues se joindre les études approfondies sur les lois
barbares, sur les formules et les capitulaires, par un grand
nombre d'écrivains, MM. Eicchorn, Guérard et Pardessus;
enfin, les monographies ou travaux particuliers sur les origines germaniques du Code Napoléon. Au delà du Rhin, le
sujet a été traité par de nombreux jurisconsultes et notamment par M. Zœpfl, professeur de Code civil à l'université de
Heidelberg [1]. M. Zachariæ, professeur à la même université,
s'est préoccupé aussi beaucoup de ces origines dans son *Droit
civil théorique français*. En France, MM. Klimrath [2], Kœnigswarter [3] et Laboulaye [4] ont donné, de leur côté, une vive
impulsion à l'école qui fait dériver une grande partie de nos
institutions de sources germaniques. Enfin, les *Origines du
droit français*, par M. Michelet, et les travaux plus impor-
tants de MM. Laferrière [5], Giraud [6], Aurélien de Courson [7],
ont rappelé l'attention sur les institutions du droit celtique.
En présence des travaux archéologiques qui ont été réalisés,
on peut dire que, si le droit romain a vu refleurir de nos
jours son école historique, nos plus vieilles institutions na-

[1] Voir un résumé substantiel de ses doctrines dans la *Revue française et
étrangère* de M. Fœlix, année 1842, p. 161 et suiv.

[2] *Histoire du droit français.*

[3] *Revue de législation*, anc. col., t. XIV, p. 30 et suiv.; t. XVI, p. 137
et suiv., p. 321 et suiv. Nouvelle série, t. I, p. 392; t. XXXIV, p. 513 et
suiv.

[4] Voir particulièrement son *Histoire sur la condition civile des femmes,
et sur l'histoire de la propriété en Occident.*

[5] *Histoire du droit français*, liv. II, *Epoque celtique*, t. II, *passim.*

[6] *Essai sur l'histoire du droit au moyen âge*, t. I, p. 17 et suiv.

[7] *Essai sur la langue et les institutions de la Bretagne armoricaine.* Paris,
1840, in-8°.

tionales de la Gaule et de la Germanie n'ont plus rien à lui envier. Le moment opportun est donc venu de résumer l'ensemble de ces divers travaux, en les considérant au point de vue des éléments que les institutions dont je viens de parler ont pu verser dans le Code.

L'esprit français s'est toujours distingué par un côté positif et pratique ; il aime sans doute les travaux d'érudition et applaudit au zèle et à la science des hommes d'élite qui les réalisent ; mais il aime aussi surtout à constater et à préciser quelles sont les parties de l'ancien droit qui sont passées dans la législation vivante. Il ne se contente pas de reconstituer l'édifice des anciens temps, il tient par-dessus tout à reconnaître quels sont, parmi ses débris, ceux qui sont entrés dans la reconstruction de l'édifice moderne.

II. Je dirai, sans plus de détours, que je ne partage point l'opinion de mes contemporains qui ont accordé une influence des plus larges aux éléments gallique et germanique dans le Code Napoléon. On a reproché fort souvent à plus d'un jurisconsulte d'avoir outré la part qui revient au droit romain dans l'élaboration du droit moderne. Ce reproche est fondé sous plus d'un rapport [1], je n'en disconviens pas ; mais il est non moins mérité de la part de ceux qui ont grossi outre mesure la persistance des émanations galliques et germaniques. Je m'occuperai successivement de ces deux émanations.

---

[1] Ainsi, on a gourmandé le président Boubier d'avoir fait descendre la communauté du droit romain ; Zazius et quelques autres, d'avoir trouvé dans le même droit les origines de l'institution des fiefs (voir sur ce dernier grief Dumoulin, *Coutume de Paris*, tit. 1er, des *Fiefs*, n° 2 et suiv.).

CHAPITRE PREMIER.

DE L'ÉLÉMENT GALLIQUE.

III. Ici je n'ai point à combattre, je l'avoue, des doctrines aussi exagérées que celles qui se sont établies sur la permanence de l'élément germanique. En effet, on ne trouve pas chez les auteurs modernes qui ont creusé plus profondément dans le sol de la vieille Gaule, et interrogé le plus activement ses cendres, on ne trouve pas, dis-je, chez eux des affirmations positives, ayant pour objet d'établir qu'une institution celtique se trouve encore debout dans nos institutions vivantes; seulement, il en est qui ont mis un soin tout particulier à exposer [d'une manière large et complète les lois et usages de la Gaule qui semblent avoir des liens de parenté avec les lois et les coutumes de nos jours. J'ai donc à réfuter moins des assertions positives que des tendances ; mais des tendances ont bien leur importance et méritent qu'on examine quel est le degré de valeur qu'on peut leur donner, au point de vue où je me suis placé.

A cet égard, je me suis formé cette opinion, que le Code Napoléon ne porte en lui aucune trace des vieilles institutions de nos ancêtres de la Gaule, ces institutions ayant été absorbées ou détruites par la civilisation romaine, ainsi que je l'expliquerai bientôt.

IV. Si j'avais à faire une exception à cette proposition générale, je ne l'admettrais qu'en faveur de la vieille maxime du droit gaulois, qui affectait les propres de succession aux parents de la ligne par laquelle ils étaient échus au défunt; maxime qui, après avoir traversé le droit coutumier, est devenue une des bases de la transaction opérée, en matière de succession, par l'article 733 du Code Napoléon, entre elle et la doctrine romaine consacrant la dévolution du patrimoine [1], toujours un à l'agnat le plus proche. La maxime dont je viens de parler était nettement établie par la plus ancienne coutume de Bretagne [2], et la résistance particulière des institutions de ce pays, comme l'influence de l'esprit féodal qui y régnait, et qui a dû naturellement servir de véhicule à la règle dont il s'agit pour l'importer dans le vieux droit coutumier, me portent à croire que telle fut l'origine de l'axiome juridique *paterna paternis, materna maternis* [3]. Bien qu'on ne puisse se livrer qu'à des conjectures sur la véritable origine du principe [4], que les uns, comme Godefroy, rapportent au droit romain, que d'autres, comme Dumoulin, font dériver des lois des Francs et des Bourguignons, j'estime pourtant, par les raisons qui viennent d'être énoncées, que l'origine gauloise est celle qui a pour elle le plus de vraisemblance [5]. Godefroy la faisait dériver de la loi 4, au Code Théodosien, *De maternis bonis*; mais est-il permis de croire que l'influence de ce code ait été assez puissante pour obtenir ce résultat, lorsque la loi 4 n'avait pas trouvé place dans le Code de Justinien?

Quant à l'opinion de Dumoulin, M. Pardessus en a démontré le peu de fondement dans sa quatorzième dissertation sur la loi salique. Il est donc permis de donner la préférence à l'opinion que M. Laferrière a émise sur ce point, opinion qui s'harmonise avec celles de Delaurière et de Bas-

---

[1] Cette transaction, préparée par la loi du 17 nivôse, a été très-bien expliquée par M. Maleville (Commentaire sur l'art. 733).

[2] M. Laferrière, *dict. loc.*, t. III, liv. II, chap. III, sect. III, p. 94.

[3] Voir Loysel, *Institutes coutumières*, liv. II, tit. V, *Des successions*, XVI, n° 332.

[4] Voir M. Merlin, *Répertoire*, v° *Paterna paternis, materna maternis*.

[5] Voir M. Laferrière, *Epoque celtique*, t. II, chap. III et IV.

nage, qui attribuaient au droit féodal[1] la maxime que je viens d'étudier.

V. A part cette exception, je n'ai su découvrir, je le répète, dans le Code Napoléon, aucune émanation des vieilles lois celtiques. Que quelques usages locaux plus vivaces se soient maintenus indestructibles dans quelques parties de la Gaule, lorsqu'ils n'avaient, d'ailleurs, aucun caractère politique, je pourrais l'admettre d'autant plus, que le droit public romain faisait une loi aux gouvernements de respecter ces usages.

Je l'admettrais plus volontiers encore s'il s'agissait de pratiques établies dans le sein des peuples de la Gaule qui, ayant obtenu la qualité de peuples libres ou alliés, ou la concession du *jus Latii*, conservaient, à la faveur de ce titre, les avantages de l'autonomie; mais, qu'il y ait encore dans nos lois un principe de droit commun descendant en ligne directe des institutions ou des coutumes de la Gaule, c'est ce que je ne puis reconnaître. Le plus simple rapprochement entre les bases principales de la société gauloise et de la société moderne ne permet pas d'en douter. Quel rapport, par exemple, peut-il y avoir entre la famille celtique et la famille de nos jours, lorsqu'on sait que la première, viciée et corrompue par la polygamie[2], était soumise au pouvoir despotique du chef, pouvoir qui se traduisait dans le droit de vie et de mort qu'avait le mari sur l'épouse, et le père sur les enfants[3]? Quelle assimilation voudrait-on établir entre l'organisation actuelle du droit de propriété si énergiquement constitué, si considérablement développé, et

---

[1] Merlin, *dict. loc.*
[2] César, *De bell. gallic.*, v, 14.
[3] *Ibid.*, vi, 19.

la propriété chez les Gaulois, au sujet de laquelle nous possédons si peu de documents, et qui était placée tout entière sous la juridiction plus ou moins arbitraire des druides? Qu'y a-t-il en outre de commun entre le principe de la copropriété des biens dans la famille, admis chez les Gaulois, et les idées modernes, quand il sera démontré (ce que je ferai bientôt), qu'une telle copropriété n'est nullement passée dans le Code Napoléon? Enfin, quelle certitude pour la filiation des idées entre les traditions celtiques sur la possession et la saisine, quand on peut trouver ailleurs les sources de nos doctrines modernes sur le même objet?

VI. Je ne parlerai pas longuement de l'origine prétendue de la communauté entre époux, que tant d'écrivains, et M. Pardessus lui-même [1], ont cru trouver dans un fragment célèbre de César [2] sur les conventions matrimoniales en usage chez les Gaulois, et dont voici en peu de mots l'économie : La femme apporte une dot, le mari fait une mise égale. Après une évaluation dont l'objet est de constituer l'égalité des mises, on en fait une masse dont les fruits sont mis en réserve, fruits auxquels le mari ne peut pas toucher pour le support des charges du mariage. Le survivant gagne le tout avec les fruits. Mais, en vérité, quelle analogie peut-il exister entre cette combinaison et le système de la communauté légale dont l'actif (art. 1401) se compose de tout le mobilier présent et futur des époux et de tous les acquêts qui seront faits pendant la durée du mariage, actif qui, à la mort de l'un des époux, doit être partagé entre le survivant et les héritiers du prédécédé? Quel rapport peut-il encore exister entre le même système et celui de la communauté réduite

---

[1] Mémoire sur les origines du droit coutumier (*Mémoires de l'Institut,* t. x, p. 650 et suiv.).

[2] *De bell. gallic.,* VI, 19.

aux acquêts, réglée par les articles 1498 et 1499 du Code Napoléon, lorsqu'on voit que cette communauté, ainsi limitée, ne se compose que des acquêts faits, non avec des propres, mais seulement avec le produit de l'industrie commune et des économies faites sur le revenu des biens des époux, et que l'émolument social, loin d'être dévolu en entier au survivant, est partagé également entre les héritiers de son conjoint et lui? C'est donc avec raison qu'à l'aide d'une saine critique on a fini par reconnaître que les usages gaulois, attestés par César, ne pouvaient pas être considérés sérieusement comme la source de notre communauté légale entre époux, ni de la communauté réduite aux acquêts [1].

Sans doute, celui qui voudrait se contenter de rapprochements plus ou moins exacts, d'analogies plus ou moins lointaines, d'affinités plus ou moins vagues, pourrait faire une ample moisson d'observations dans le champ du droit gallique. Mais celui qui ne veut admettre que des résultats positifs, des résultats appréciables, ne croira pas pouvoir s'établir solidement sur un pareil terrain.

VII. J'ai indiqué rapidement les motifs principaux qui ne permettent pas d'établir avec exactitude un lien de parenté entre les monuments du droit gallique et ceux du droit civil actuel. Que serait-ce si, aux raisons positives, j'ajoutais des considérations d'un ordre historique, philosophique ou politique? N'est-il pas vrai d'abord que la civilisation de la Gaule a été une civilisation tout individuelle, toute locale, se produisant avec des variétés infinies, ainsi que l'atteste

----

[1] **M. Troplong** a récemment porté les derniers coups à l'opinion contraire (*Commentaires du titre du Mariage*, p. 99 et suiv. Voir aussi, dans la *Revue de législation*, un article de **M. Dubois**, juge suppléant à Valenciennes (1849, p. 368 et suiv.).

encore César [1], presque végétative, comme le dit si heureu-
sement le traducteur d'Edouard Gans [2]; qu'elle n'a rien ou
presque rien communiqué aux races si nombreuses qui de
tant de points opposés sont venues successivement s'établir
et se superposer sur son sol, et que facile à s'assimiler les
institutions étrangères, elle n'a exercé, à son tour, aucune
puissance d'initiation? Notons, par-dessus tout, que la conquête romaine eut pour effet de dépouiller insensiblement
et graduellement la Gaule de tout ce qui pouvait constituer
sa nationalité. Les Barbares, après leur invasion, n'imposè-
rent pas leurs lois aux vaincus; Visigoths, Bourguignons et
Francs, tous admirent le système des lois personnelles [3], soit
parce qu'ils manquaient d'ambition, soit parce qu'ils obéis-
saient, à leur insu, à ce sentiment intime d'admiration et
de respect que la civilisation inspire toujours à la barbarie.
Mais les Romains avaient procédé bien autrement; leur politique habile et ambitieuse consistait à propager leur domination par la langue, par les mœurs, et surtout par les
lois. Aucune autre civilisation ne fut plus envahissante et
plus absorbante que la civilisation romaine [4]. Lorsque, au
commencement du troisième siècle, tous les habitants de
l'empire eurent été associés au droit de bourgeoisie romaine,
que les traces de la nationalité gauloise allèrent s'affaiblissant de plus en plus, et que les tribus franques, com-
mandées par Clovis, vinrent, à la fin du cinquième siècle,
renverser l'Empire romain dans le nord des Gaules, elles
n'y trouvèrent, au dire des vainqueurs eux-mêmes, que des
Romains et des Barbares. Le nom de Gallo-Romain est sans

---

[1] *De bell. gallic.,* I.
[2] *Histoire du droit de succession.*
[3] Voir Montesquieu, *Esprit des lois,* liv. XXVIII, chap. II.
[4] M. Guizot, *Histoire de la civilisation en France,* septième leçon.

doute resté, mais ce mot indiqua moins une survivance
d'institutions celtiques qu'une simple distinction d'origine [1].
Il faut donc conclure de ce qui précède, que, sauf peut-être
l'exception qui a été indiquée, aucune des institutions galliques n'a survécu dans notre droit, et qu'elles ont toutes
péri, soit sous l'action de la civilisation romaine, soit à travers les transformations nombreuses que la société française
a éprouvées. Cette opinion était celle que professait l'abbé
Fleury, dans la deuxième partie du dix-septième siècle [2], et
à laquelle semblait adhérer, dans le siècle suivant, Montesquieu, par le peu d'importance qu'il attacha au rappel des
lois galliques. Elle a été reproduite, de nos jours, par
MM. Gans [3], Kœnigswarter [4], et Giraud [5]. Elle paraît avoir
été adoptée aussi plus récemment par M. de Parieu [6].

VIII. Que si je voulais présenter ici un tableau d'ensemble, je pourrais faire observer que la Gaule n'a pas fourni
de plus amples matériaux à nos institutions politiques et à
notre civilisation proprement dite. Quelle affinité, en effet,
pouvait-on espérer de rencontrer entre un peuple moitié
barbare et moitié civilisé, prodiguant les sacrifices hu-
mains, dédaignant la vie intérieure de la famille, profondément courbé sous l'enseignement druidique, servile ado-
rateur des croyances superstitieuses [7], et une société régénérée

---

[1] M. Fauriel, dont l'autorité est si grave en ces matières, atteste qu'au
cinquième siècle la Gaule était devenue toute romaine ; *Histoire de la Gaule
méridionale*, p. 448.

[2] *Précis de l'histoire du droit français.*

[3] *Histoire du droit de succession*, p. 233.

[4] *Histoire de l'organisation de la famille en France*, p. 18.

[5] *Essai sur l'histoire du droit au moyen âge*, p. 16.

[6] *Études historiques et critiques sur les actions possessoires.* Voir aussi dans
ce sens la *Thémis*, t. x, p. 114 et suiv.

[7] César, *dict. loc.* VI, 19 ; M. Amédée Thierry, t. I, *passim*, et M. Giraud,
dict. loc., t. I.

par l'esprit bienfaisant du christianisme ? Quels rapports entre une constitution politique dont la base était tout entière dans l'association ou la confédération de peuplades ou de cités, et nos institutions si essentiellement différentes ; entre une nation dont l'organisation repose sur l'égalité civile et politique, où les classes moyennes tendent à devenir de plus en plus prépondérantes par l'action combinée de l'agriculture, du commerce et de l'industrie, et les populations, au sein desquelles dominaient la séparation et l'antagonisme des classes, où l'on voit d'un côté une aristocratie toute-puissante par la fortune, par le sacerdoce, par le maniement des armes, comme par le monopole de toutes les fonctions, et de l'autre une plèbe malheureuse et dédaignée, écrasée de tributs et de charges publiques, condamnée à l'impuissance par les fortes attaches de la clientèle, ou par la misère, quand elle n'est pas abrutie par le joug de la servitude[1] ?

Il n'y a donc pas de comparaison possible. Toutefois, indépendamment de la naïveté gauloise dont, au dire de quelques écrivains, nous aurions hérité, on s'est plu à remarquer aussi, en s'aidant de plusieurs textes sur la mobilité de l'esprit gaulois, sur son amour de la nouveauté, que cette mobilité constitue une transmission héréditaire que nous aurions plus d'une fois trop fidèlement recueillie. L'idée de cette transmission peut être exacte ; mais il pourrait bien se faire aussi, comme Gans semble l'insinuer[2], qu'il n'y ait eu qu'imitation ou que simple coïncidence.

Soyons justes pourtant à l'égard de la civilisation telle

----

[1] César, *dict. loc.*, VI, 13 et 15. Tous les textes se trouvent cités dans M. Giraud, *dict. loc.*, 2 de la p. 20, et dans M. Amédée Thierry ,*Histoire des Gaulois*, II , part. II, chap. I. On les trouve aussi dans le tome Ier de dom Bouquet.

[2] *Histoire du droit de succession*, p. 234.

quelle de la Gaule antique. Du milieu plus ou moins impur de ses rites ou de ses symboles religieux, on voit se dégager, comme un pur rayon de lumière, un dogme fondamental, celui de l'immortalité de l'âme [1]. Cette croyance, attestée par tous les écrivains qui ont parlé de la Gaule, était si fortement établie, que selon le témoignage du géographe Pomponius Mela [2], les Gaulois, en faisant un prêt, stipulaient le remboursement dans l'autre vie. N'est-il pas permis de croire que leur foi si vive dans un tel dogme les prédisposa merveilleusement à ce mouvement religieux qui nous les montre, vers la fin du deuxième siècle, se convertissant au christianisme avec tant d'ardeur, qu'un historien a pu dire, avec vérité, que la Gaule s'était comme précipitée dans la religion de Jésus-Christ [3] ?

CHAPITRE II.

DE L'ÉLÉMENT GERMANIQUE.

IX. Après avoir parlé de la prétendue influence gallique, et l'avoir appréciée selon ce que je crois être sa véritable valeur, je passe à l'examen de l'influence germanique.

Cette influence a dû laisser des empreintes beaucoup plus reconnaissables ; d'une part, en effet, l'élément germanique s'était posé en conquérant ; d'autre part, il avait toute la sève que possède un peuple encore vierge, et qui, s'il venait recevoir les bienfaits de la civilisation des vaincus, ne pouvait pas ne pas leur communiquer ce qu'il y avait de plus vital dans ses instincts et dans ses coutumes. L'in-

[1] César, *De bell. gal.*, liv. VI, cap. IV.
[2] *De situ orbis*, liv. III, cap. II.
[3] M. Michelet, *Histoire de France*, t. Ier.

fluence que le génie germanique a exercée n'est donc pas contestable ; mais est-elle aussi considérable que l'affirment des jurisconsultes qui ont des tendances que j'appellerai *ultrà-germaniques*, et notamment MM. Klimrath, Zœpfl, et Kœnisgwarter ? Je ne saurais le penser.

A entendre ces écrivains, dont j'admire d'ailleurs la science, le Code civil est encore tout imprégné de germanisme ; ils en rencontrent partout des couches plus ou moins épaisses, comme sur des terrains formés par une féconde alluvion. Ils en trouvent dans l'organisation de la famille, dans le droit de succession testamentaire, ou *ab intestat ;* en matière de conventions matrimoniales, surtout. Il est peu de matières sur lesquelles l'esprit national des conquérants du Nord, survivant à toutes les transformations qui se sont accomplies pendant quatorze siècles, n'ait imprimé son cachet. Dès que l'origine historique des dispositions du Code civil n'est pas parfaitement établie, les auteurs que j'ai cités se hâtent d'en conclure qu'elle ne peut être que germanique. Il est fort heureux pour nous d'avoir des preuves irrécusables des émanations si considérables et si nombreuses du droit romain, du droit canonique, de la doctrine des auteurs et de la jurisprudence des Parlements, du rationalisme ou de ce bon sens exquis qui a toujours si profondément caractérisé les jurisconsultes français, enfin des grands principes proclamés par la révolution française de 1789 ; sans quoi nous serions probablement condamnés à ne voir dans l'édifice de nos lois nationales

---

[1] Dans un de ses articles recueillis par la *Revue de législation,* M. le docteur Chauffour loue M. Zœpfl d'avoir dit qu'il y avait plus de germanisme dans le Code Napoléon que dans le droit commun allemand tout entier. « Ce mot de M. Zœpfl, dit M. Chauffour, est des plus spirituels et des plus vrais. » (*Revue de législation,* 1848, I, p. 87.)

qu'un jet vigoureux des anciens usages venus d'outre-Rhin. Il convient d'examiner jusqu'à quel point ces prétentions peuvent être fondées.

X. Je ne prétends pas, assurément, je l'ai déjà dit, qu'il y ait absence de tout esprit germanique dans le Code ; mais je dis que les traces qu'il y a déposées sont bien moins nombreuses que celles que croit y reconnaître l'école dont je viens de caractériser les tendances.

Avant de m'engager dans cette vérification, que je cher-cherai à rendre aussi parfaite que possible, je dois dire que je ne considère pas comme étant d'origine germanique une institution qui, admise par le Code, aura existé anté-rieurement dans les lois ou les coutumes des peuplades du Nord. Je n'entends reconnaître ce caractère qu'à des insti-tutions qui, admises par les coutumes ou les lois dont je viens de parler, se sont visiblement perpétuées ou conser-vées sans interruption à travers les diverses phases du droit français, et ont trouvé une place dans notre législa-tion ; celles-là seules méritent d'être classées ici. Toutefois, il sera juste de leur assigner un rang dans ce classement, bien que, dans le chemin qu'elles ont eu à faire pour arri-ver jusqu'à nous, elles aient perdu quelques-uns des traits de leur physionomie originaire, sauf qu'il y aura à distinguer, à cet égard, ce qui est resté un principe germanique pro-prement dit, de ce qui, à cause de ses transformations, n'est plus resté qu'un simple linéament. Je dois ajouter que, pour ce qui n'est qu'une simple influence germanique sur l'établissement d'institutions nouvelles, je ne classerai cette influence que lorsqu'elle a été déterminante. D'après ce procédé, je n'aurai à m'occuper, par exemple, ni de l'a-doption , ni de la légitimation.

En effet, l'adoption était sans doute pratiquée par toutes

les tribus germaines, ainsi que le prouvent des formules recueillies par Marculfe[1] et par Sirmond[2], comme l'établit d'ailleurs Montesquieu[3]; elle s'opérait au moyen d'une espèce d'investiture solennelle que l'adopté recevait de l'adoptant. Il résulte même de formules recueillies par Lindenbrog, citées par tous les érudits, que ce mode de constituer une filiation artificielle ne fonctionnait qu'à défaut d'une filiation naturelle et légitime[4].

Mais est-ce à dire que lorsque le titre de l'adoption tel qu'il se trouve dans le Code civil fut élaboré, les rédacteurs de ce Code se soient préoccupés de l'adoption germanique? Non assurément. Il suffit de jeter les yeux sur les travaux préparatoires, pour acquérir cette conviction que les auteurs du Code ne se sont préoccupés que de l'adoption romaine, à cause du rôle si important que celle-ci avait joué dans l'ordre politique comme dans l'ordre civil; je pourrais dire, à cause de la majesté de ses souvenirs[5]. Ils l'ont modifiée, sans doute, pour l'harmoniser avec nos mœurs et lui restituer son véritable caractère altéré par le droit romain, qui ne l'admettait que comme un mode d'établir la puissance paternelle[6]; mais les modifications qu'ils lui ont fait subir n'empêchent pas qu'elle soit redevable de son introduction dans nos lois à l'imposante autorité qu'elle avait eue dans le droit romain. L'adoption, telle qu'elle avait

---

[1] II, for. 13.

[2] 23.

[3] *Esprit des lois*, liv. XVIII, chap. XXVII.

[4] Formules 58 et 59. Voir M. Pardessus, *Mémoire sur les origines du droit coutumier*, dict. loc., p. 716.

[5] M. Berlier, présentation du premier projet du titre de l'*Adoption* au Conseil d'Etat, séance du 6 frimaire an X (Fenet, t. X, p. 249).

[6] Gaius, *Instit.* I, 97 et suiv. , Ulpien, *Fragm.*, tit. VIII, et les *Instit.* de Justinien, tit. XI, *De adoptiun.*, ne l'envisagent qu'à ce point de vue.

été pratiquée dans les premiers temps de la monarchie des Francs, n'avait pu se naturaliser sur notre sol ; elle y avait succombé sous l'action combinée de l'esprit féodal et des inspirations de l'Eglise.

Quand le Code civil fut mis sur le métier législatif, il ne restait plus d'elle que les plus faibles souvenirs, et on n'avait que faire de cette vieille adoption des Francs, qui, conforme à leurs habitudes militaires, s'opérait par les armes, ainsi que l'atteste Montesquieu [1].

XI. Ce que je viens de dire de l'adoption s'applique également à la légitimation, que toutes les races teutoniques ont aussi pratiquée sous des formes différentes [2]. Mais la légitimation française, la légitimation par mariage subséquent, telle qu'elle est réglée par le Code, ne doit rien à la légitimation admise par les Francs. Elle leur doit d'autant moins que, d'après un capitulaire de Charles le Chauve de l'année 864 [3], les effets de la légitimation semblaient subordonnés au concours de l'autorité royale, et que d'ailleurs la légitimation était loin, tous les érudits le reconnaissent, d'assimiler l'enfant légitimé à l'enfant né du mariage. La légitimation par mariage subséquent, produisant en faveur de l'enfant légitimé les mêmes effets que la légitimité, est le produit simultané de la légitimation romaine introduite par Constantin, maintenue par Zénon, généralisée par Justinien et développée au moyen âge par le droit canonique.

Après ces explications préliminaires, j'arrive à l'étude

---

[1] *Dict. loc.*

[2] M. Kœnigswarter, *Études historiques* (*Revue de législation*, t. XVI, p. 390 et suiv.).

[3] Cité par M. Pardessus, en son *Mémoire sur les origines du droit coutumier.*

des traditions germaniques recueillies dans le Code Napoléon, en suivant, pour plus de facilité, l'ordre des matières
adopté par le même Code.

LIVRE PREMIER.

XII. Je parlerai d'abord de la puissance maritale.

Si j'analyse exactement l'ensemble des dispositions du
chap. vi du titre v du liv. 1er du Code civil et de tous les
textes afférents sur la puissance maritale, je suis autorisé,
il me semble, à caractériser cette puissance de la manière
suivante :

1º La puissance maritale constitue une protection pour
la femme;

2º Cette protection s'étend sur la personne de la femme
et sur ses biens;

3º La puissance maritale constitue des prérogatives pour
le mari, qui engendrent par corrélation une incapacité de
la part de la femme, de souscrire certains actes ou d'ester
en justice sans l'autorisation du mari;

4º La puissance maritale est établie principalement dans
l'intérêt de la famille, qui exige et l'unité du pouvoir domestique, et la dévolution de ce pouvoir au mari, qui est
généralement plus apte que la femme à la direction des
affaires, et, par suite, non-seulement les enfants, mais le
mari et la femme elle-même ont à gagner à cette direction [1].

Etablie sur de pareilles bases, la constitution de la puissance maritale est donc rationnelle et philosophique, et il
semble qu'on n'en devait chercher les sources, que dans les

[1] Voir M. Zachariæ, t. ii, *Puissance maritale.*

rapports que la nature elle-même a établis entre les époux, surtout depuis que ces vrais rapports ont été mis en lumière par le christianisme. Pourquoi donc aller chercher ailleurs les origines de ce pouvoir, quand il est si aisé de les trouver sans recourir aux traditions historiques? Cette observation serait décisive, si l'histoire n'était pas là pour démontrer que la puissance maritale, telle que nous venons de la caractéri-ser, d'après le Code civil, est redevable de son origine aux institutions des peuples barbares. Et, s'il en est ainsi, je l'explique immédiatement en disant qu'elle est dérivée d'une pareille origine, parce que les peuples civilisés l'avaient complétement dénaturée ou corrompue. Chez les peuples de la Grèce, après les temps historiques, la femme est condam-née à vivre dans un esclavage perpétuel, et les droits du mari sur l'épouse y sont tellement absorbants, qu'ils détruisent complétement la personnalité de celle-ci [1].

Dans le monde romain, le droit civil, quoique moins ri-goureux, place les femmes dans une alternative qui aboutit à des extrêmes opposés : avec le mariage suivi de la *manus*, l'épouse prenait, par une fiction tout arbitraire, le rang de fille de son mari [2]; ses droits sont absorbés par celui-ci, qui s'assimile tous ses biens, car il est élémentaire que la *ma-nus* est une manière d'acquérir *per universitatem* [3]. Le droit romain ne voit pas un protecteur dans la personne du mari, il n'y voit qu'un maître ombrageux. Quand la femme ne tombe pas *in manu*, s'il s'agit des biens dotaux, le mari en est considéré propriétaire, sauf la limitation que ce droit de

---

[1] Voir M. Troplong, *Influence du christianisme sur le droit romain*, cha-pitre x, et M. Wolowski, *De la société conjugale* (*Revue de législation*, 1852, p. 5 et suiv.).

[2] Gaius, i, 109 et suiv.

[3] *Ibid.*, iii, 82.

propriété éprouva successivement[1]. Mais, s'il s'agit des biens paraphernaux, les rapports des époux sont complétement changés; la femme jouit d'une entière indépendance à l'égard de son mari[2]. Ainsi, dans le corps du droit romain, absence complète de ce pouvoir du mari, à la fois protecteur et modérateur, qui, tout en laissant subsister la personnalité juridique de la femme, place celle-ci, sans blesser en rien sa dignité morale, sans l'opprimer, sous la garde et la tutelle du gouvernement marital, source féconde, comme je l'ai dit, de force, de vie, de prospérité pour toute la famille. Ce pouvoir, que le droit romain n'a pas connu et dont on ne trouve le type chez aucun des autres peuples de l'antiquité, il n'a pris naissance que dans les forêts de la Germanie. Comment donc s'y est-il fondé? Par suite de deux idées différentes, qui se rattachent de la manière la plus intime aux coutumes les plus chères aux races germaniques.

C'est d'abord chez ces races un principe dominant que les faibles doivent être placés sous la protection des forts. « La « protection spéciale accordée aux faibles, dit M. Pardessus, « en sa troisième dissertation sur la loi salique, est un ca- « ractère de toutes les lois germaniques, et surtout de la « loi des Francs Saliens. »

« L'homme de guerre du Nord, dit à son tour M. Lafer- « rière[3], estime, avant tout, le courage et la force; mais « aussi dans le sentiment de sa force et de son courage, il « prend le sentiment généreux de la défense et de la protec- « tion à l'égard des faibles. »

La femme fut, chez les Germains, l'objet spécial de cette

---

[1] *Instit. Justin.*, liv. **II**, tit. **VIII**, *ad princip.*

[2] Cod., *De pact. convent.*

[3] *Histoire du droit civil français*, t. **III**, p. 154.

protection, car aucun peuple n'avait professé pour ce sexe un culte aussi profond que celui qu'ils lui vouèrent, ainsi que l'atteste Tacite, dans un des plus remarquables fragments de son traité *De Germaniâ* [1].

C'est un principe non moins vital parmi les Barbares qu'il y a unité et solidarité d'intérêts entre les membres de la même famille, solidarité active et passive. Tacite l'a encore établi par de nombreux fragments du même traité [2].

Sous l'influence de ces deux idées fondamentales s'établit le pouvoir marital, connu sous le nom de *mundium*, et dont les effets se résumaient en la protection qu'il garantissait à la femme, et dans l'incapacité dont celle-ci était frappée, quand elle ne procédait pas avec le concours de ce mundium.

Le mari était censé acheter ce pouvoir en faisant à la famille de l'épouse, au moment du mariage, ces présents dont parle encore Tacite [3], qui, trop préoccupé des mœurs romaines, y a vu mal à propos une dot. A ces présents, qui sont le prix du pouvoir marital, se substituait plus tard un prix symbolique qui nous montre le mariage contracté *per solidum et denarium* [4], prix qui viendra, à son tour, se résumer ou se fondre avec le don du matin ou le morgengabe, et en dernière analyse, dans le douaire du droit coutumier [5].

---

[1] **VIII.**

[2] Voir notamment le § 19.

[3] *Ibid.*, **XVIII.**

[4] On sait que Clovis épousa ainsi Clotilde (voir *Frédégaire*, ch. **XVIII**, et les *Formules* de Lindenbrog, **LXXV**).

[5] Voir **M.** Laboulaye, *Condition civile des femmes*, p. **132** et **133**; M. Laferrière, *Histoire du droit français*, t. **III**, p. **159** ; et M. Kœnigswarter, *Etudes historiques sur le droit civil français* (*Revue de législation*, t. **XVII**, p. **406** et suiv.); la préface de M. Troplong, *Commentaire sur le titre du mariage*, p. **84** et suiv.

L'ensemble de ce droit germanique ayant pénétré les coutumes, la puissance maritale y conserva constamment son caractère primitif. Les mots qui serviront à la définir, celui de *mainbournie*, de *garde*, de *bail*[1], traduiront tous cette pensée de protection. Le droit féodal aura beau revêtir le mari, dont il favorise la puissance, de ses formules consacrées, le qualifier de *sire*, de *baron*, de *seigneur*, de *maître* de la femme[2]; la même pensée surnagera toujours, et lorsque plus tard, après la chute du régime féodal et la substitution du principe de l'unité à la variété des coutumes, le Code civil généralisera le principe de la puissance maritale, en faisant table rase des traditions romaines et en établissant cette puissance sur les bases que nous avons déjà fait connaître, il ne fera que régulariser et consacrer définitivement le *mundium* germanique.

XIII. Après avoir parlé du mundium marital, je passe naturellement au mundium paternel.

Ici, je reconnaîtrai volontiers encore que les dispositions combinées des articles 372, 388 et 488, desquelles il résulte que l'enfant est affranchi de la puissance paternelle par cela seul qu'il a acquis sa majorité, constituent un principe essentiellement germanique.

Le droit romain l'avait encore complétement ignoré ou méconnu. Dans l'organisation domestique qui procède des inspirations d'une politique égoïste et utilitaire, aspirant à tout synthétiser, à concentrer tout l'intérêt social sur quelques têtes, la puissance paternelle constitue essentiellement une prérogative pour l'ascendant qui en est investi. On n'y voit qu'un droit

---

[1] Loysel, *Instit. coutumières*, liv. Ier, *Des personnes*.
[2] Delaurière sur Loysel, *Instit.*, liv. Ier, tit. II, *Du mariage*, n° 21.

acquis à cet ascendant, droit très-lucratif pour lui [1], qui ne pourra être dissous, *du moins volontairement*, que par l'émancipation. L'idée d'une protection rejaillissant sur l'enfant n'occupe qu'une place très-secondaire, presque imperceptible dans la constitution du pouvoir intérieur de la maison ; aussi, à quelque âge que soit parvenu le fils et quelque capable qu'il soit, d'ailleurs, de se protéger et de se gouverner par lui-même, il n'en restera pas moins soumis à la domination rigoureuse [2] et pour ainsi dire à l'imperium de l'ascendant [3]. Chez les Germains, la puissance du père se produit avec les caractères tout à fait opposés. Elle n'a rien d'égoïste ou d'oppressif ; elle est établie comme les pouvoirs tutélaires, tout entière dans l'intérêt de celui qui y est soumis, et non dans l'intérêt de celui qui l'exerce.

Le père trouve bien une indemnité dans la jouissance qu'il aura des biens de l'enfant ; droit de jouissance que M. Pardessus a constaté dans sa troisième dissertation sur la loi salique ; mais cette indemnité ne détruira pas le caractère éminent du pouvoir paternel, du *mundium germanique*. De ce caractère, il suivra naturellement que lorsque l'enfant sera, par le développement de son âge, en mesure de se protéger lui-même, la puissance paternelle n'étant plus nécessaire devra immédiatement cesser, et le fils devenu majeur prendra possession du plein exercice de tous ses droits ; aussi on voit que les diverses lois barbares ont consacré le principe de la cessation du mundium paternel par

---

[1] *Instit.*, liv. II, tit. IX.

[2] Th. Marezoll, traduit par M. Pellat, *Précis d'un cours sur l'ensemble du droit privé des Romains,* § 174, onzième édition de la traduction.

[3] Cujas qualifiait la puissance paternelle de *quasi proprietas* (Paratitles , sur le titre du Code *De patriâ potestat.*).

le seul fait de la majorité du fils. Ces lois ne sont pas d'accord, il est vrai, sur la fixation de l'âge de la majorité. Ainsi, par exemple, la loi des Lombards décrétait la majorité à l'âge de dix-huit ans, tandis que celle des Bourguignons la décrétait à l'âge de quatorze ou de quinze ans. Je ne parle ni de la loi salique, ni de la loi des Francs Ripuaires, parce qu'aucune d'elles ne s'expliquait d'une manière précise sur ce point [1]. Mais au milieu de ces variétés, en ce qui concerne la limite d'âge, on remarque que le principe fondamental est reconnu. Il s'est maintenu intact dans toutes les périodes du droit coutumier. On a distingué, il est vrai, la majorité féodale de la majorité du droit commun. Pour la fixation de la majorité civile ou droit commun, il y a bien eu des variétés, comme il y en avait dans les lois barbares, quoique le plus grand nombre des coutumes eussent adopté l'âge de vingt-cinq ans [2]. Mais dans le droit coutumier comme dans les lois barbares, c'est toujours parce que l'autorité paternelle est un pouvoir éminemment protecteur, qu'elle expire à la majorité de l'enfant. Qu'a fait le Code Napoléon ? Les articles 372, 388 et 488, déjà cités, nous l'apprennent : s'assimilant les innovations hardies de la législation révolutionnaire, qui avait abaissé de quatre ans l'âge de la majorité coutumière [3], il modifia profondément les traditions romaines suivies fidèlement dans les pays de droit écrit, et proclama d'une manière uniforme, en généralisant le prin-

---

[1] M. Pardessus, *Quatorzième dissertation sur la loi salique* et Klimrath, *dict. loc.*, § 133.

[2] Argou, *Instit. au droit français*, v° *Puissance paternelle*, t. I, p. 21 et 25, et Pocquet de Livonnière, *Règles du droit français*, I, *eod. verb.* Voir aussi M. Giraud, *Précis de l'ancien droit coutumier français*, sect. v (*Bibliothèque de l'Ecole des chartes*, 1851, p. 500 et 501.

[3] Décret du 28 août 1792.

cipe adopté dans le Nord, qu'à ses yeux le pouvoir domestique était un pouvoir établi principalement dans l'intérêt de
l'enfant ; qu'il ne devait donc durer que jusqu'au moment
où celui-ci était présumé incapable de se gouverner lui-
même, sans que l'enfant soit, d'ailleurs, affranchi à l'égard
de ses père et mère des obligations morales et des devoirs sa-
crés dont parle l'article 371 [1]. Dans la lutte qui s'était établie
entre le principe romain, ne subordonnant jamais l'émancipation à un âge déterminé, principe admis dans le droit
écrit, et le principe germanique, victorieux dans les pays de
coutumes, c'est celui-ci qui a définitivement triomphé. Il a
triomphé sans doute par des motifs d'émancipation démocratique, d'autres diraient révolutionnaire ; mais la nature
des motifs ne peut influer sur le fait accompli. Il est vrai
que l'usufruit légal, réglé par les articles 384 et suivants,
constitue une innovation par rapport au droit coutumier
qui, désertant en cela les erreurs consacrées par les lois barbares, n'était plus lucratif pour le père [2].

Mais cet usufruit consacré par le Code, et formé par une
combinaison des idées romaines et des principes coutumiers
sur la garde noble et bourgeoise, tout lucratif qu'il puisse
être dans certains cas, n'altère pas plus le caractère essentiel
de l'autorité paternelle que l'usufruit attaché, comme je l'ai
dit, au mundium germanique primitif, n'altérait ou ne
modifiait ce mundium.

XIV. En résumé, l'origine du caractère de l'autorité paternelle et du caractère de la puissance maritale, telles que
les admet le Code, est une dérivation directe ou palpable,

---

[1] Pasquier, *Instit. de Justinian*, liv. I, tit. IX ; Argou, *dict. loc.*, et Fer-
rières, sur le liv. II, tit. IX des *Institutes*.

[2] Tel était le sens principal de la maxime célèbre : *Puissance paternelle
n'a lieu en France*; Loysel, liv. Ier, *Des personnes*.

ou si l'on veut une continuation du mundium germanique,
marital et paternel. C'est une sorte de phénomène digne
d'être remarqué que cette bonne fortune réservée aux institutions des peuplades du Nord d'avoir établi ou assis sur ses
véritables bases le pouvoir domestique que l'antiquité
avait si étrangement méconnu.

Il a été ainsi donné à un sentiment de générosité d'un
peuple barbare, ou, si l'on veut, à son instinct particulier
d'avoir redressé les torts de plusieurs siècles d'une civilisation pleine de préjugés et d'injustices. Ce n'est pas là un
honneur médiocre, car à la constitution du pouvoir intérieur se trouve subordonnée la prospérité de la famille,
comme à la prospérité de la famille se trouve subordonnée
la prospérité de l'État. Telle est, à mon avis, l'influence à
la fois la plus haute et la plus salutaire que l'élément germanique ait exercée sur le Code.

XV. Nous allons encore en signaler un autre exemple
dans les matières du premier livre.

Cette nouvelle origine germanique réside encore dans
les articles 388 et 488 qui, d'accord avec les autres dispositions afférentes (1123-4), ne distinguent plus dans
l'âge humain, considéré au point de vue de la capacité
ou de l'incapacité des actes de la vie civile, que deux
grandes périodes, celles de la majorité et de la minorité; il y a bien une sous-distinction notable entre le
mineur émancipé et celui qui ne l'est pas[1], mais elle
ne se rattache pas directement au point de vue que
j'ai examiné; je dois la laisser à l'écart. Une séparation
aussi large que celle que je viens d'indiquer, et d'après laquelle il n'y a, par rapport à l'âge, que deux classes de

---

[1] Voir notamment les art. 476 et suivants du Code Napoléon.

personnes, les majeurs et les mineurs, contraste nettement avec la doctrine romaine qui distingue avec le plus grand soin les impubères des pubères mineurs de vingtcinq ans. Si je parlais dans une autre réunion, j'aurais à tracer ici un large tableau des différences juridiques se rattachant, dans le droit romain, à ces deux classes de personnes; mais ici un pareil tableau serait tout à fait surabondant.

Eh bien ! la doctrine du Code civil, qui a supprimé la distinction entre les impubères et les pubères mineurs de vingt-cinq ans, n'est que la consécration définitive et rendue uniforme par toute la France d'un élément germanique. D'après les Barbares, en effet, la puberté se confond avec la majorité, l'une n'est pas distinguée de l'autre : « La ma« jorité commence avec la puberté, c'est-à-dire à quinze « ans, dit Édouard Gans, en son analyse de la loi Gom« bette[1] ; à cet âge chacun est libre de ses actes, et peut « disposer de ses biens. »

Cette disposition de la loi des Bourguignons mérite d'autant plus d'être considérée comme un principe général admis par les divers rameaux de la grande famille germanique, que cette loi fut composée avant la conquête des Francs[2], et qu'elle est présumée traduire ainsi avec plus de fidélité des institutions primitives.

On comprend, au reste, aisément que les législateurs des peuples barbares, qui se distinguent par un grand caractère de simplicité et de candeur, mêlé à la rudesse de leurs mœurs, n'aient pas songé à diviser et à subdiviser

---

[1] *Du droit de succession*, p. 175.

[2] Elle fut publiée à Lyon, de 467 à 468, par Gondebaud, roi des Bourguignons. Klimrath, *dict. loc.* De là le nom de *loi Gombette*.

la vie humaine en tant de périodes [1]; cette combinaison était trop savante pour eux, surtout si l'on songe que le droit romain n'était arrivé que successivement et par une lente et laborieuse gradation, établie par les édits prétoriens principalement, à créer des différences profondes entre l'impuberté et la minorité de vingt-cinq ans. Si les pays de droit écrit adoptèrent en grande partie les traditions romaines, les pays coutumiers étaient de leur côté restés invariablement fidèles à la tradition germanique, et, bien que la tutelle y fût distinguée de la curatelle, Guy-Coquille avait eu le soin de faire remarquer [2], d'après Dumoulin, qu'il n'y avait qu'une différence purement *ombratile* ou *superficielle* entre le curateur et le tuteur, et Loysel se constitua à son tour l'écho de cette doctrine généralement reçue, quand il écrivit dans ses formules : « *Tuteur et curateur n'est qu'un* [3]. »

En lisant l'ensemble des dispositions du Code civil composant le titre x du premier livre de la minorité, de la tutelle et de l'émancipation, et les autres textes épars qui concordent, on reconnaît facilement, comme nous l'avons déjà dit, que l'élément germanique l'a encore emporté ici sur l'élément romain.

XVI. Ainsi nous avons eu à constater jusqu'à présent trois oppositions fortement accentuées entre les deux éléments : nous avons toujours assisté au triomphe de l'élément national, et nous y applaudissons sans réserve; car nous préférons, pour ce qui regarde la suppression des différences entre l'impuberté et la minorité de vingt-cinq ans, la simplicité

---

[1] Voir Montesquieu, *Esprit des lois*, liv. xxviii, chap. ier, des différents caractères des lois des peuples germains.

[2] Sur la coutume de Nivernais, *Des tutelles et curatelles*, t. ii, p. 287.

[3] Liv. ier, tit. iv ; de la Vouerie, v, n° 180.

germanique aux complications romaines qui étaient devenues la source d'un grand nombre de difficultés, de même que nous avons déjà donné la préférence aux doctrines germaniques du mundium marital et paternel, sur les traditions du droit romain.

Il nous est permis de nous exprimer ainsi en toute liberté sur de pareilles préférences, quand nous savons que le droit romain a doté si largement le Code civil des institutions les plus sages et les plus bienfaisantes, et qu'il constitue un de ses affluents les plus considérables.

XVII. Nous avons vu comment le caractère de la puissance paternelle et celui de la puissance maritale dérivent directement du mundium germanique. Ce sont là, à notre avis, les seules émanations des mœurs transrhénanes sur les matières correspondantes du premier livre du Code civil. Mais bien autres sont les prétentions des adeptes de l'école germanique. Consultez, par exemple, M. Zœpfl, et il vous dira que, dans les mêmes matières, les dispositions du § 2 de l'art. 3 et de l'art. 204, et le principe qui place l'enfant naturel en dehors de la famille, descendent des lois barbares; de son côté, M. Kœnigswarter attribue à l'influence des mêmes lois l'organisation de notre tutelle dative conférée par le conseil de famille.

Vérifions successivement, mais toujours rapidement, les mêmes prétentions.

XVIII. L'art. 3 du Code civil est ainsi conçu : « Les lois de police et de sûreté obligent tous ceux qui habitent le territoire.

« Les immeubles, même ceux possédés par les étrangers, sont régis par la loi française.

« Les lois concernant l'état et la capacité des personnes régissent les Français, même résidant en pays étrangers. »

Les deux derniers paragraphes de cet article doivent être

placés au nombre des institutions germaniques , dit le savant professeur d'Heidelberg, M. Zœpfl, car il consacre la suprématie des *statuts réels* sur les *statuts personnels*.

Loin de moi la pensée de m'engager ici dans l'examen de la théorie des statuts réels et personnels, matière si ardue et si compliquée dans les livres de nos anciens jurisconsultes. Qu'il me suffise de faire remarquer que le principe du paragraphe 2 de l'art. 3 du Code, d'après lequel le droit se détermine par le territoire, en ce qu'il régit les propriétés de tous ceux qui résident sur ce territoire, est un principe des temps modernes [1], essentiellement opposé à l'esprit des institutions germaniques. Il est certain, en effet, qu'après l'invasion, les conquérants germains admirent le système des lois personnelles, d'après lequel les biens n'étaient pas soumis à la loi territoriale, mais à la loi propre au possesseur, ainsi que Klimrath l'a démontré en citant des textes nombreux [2].

Ce sytème fut renversé à l'avénement simultané de la fusion des races et de la féodalité. Celle-ci proclama, par un renversement de tous les principes, la domination de la terre sur l'homme. C'est de là que la règle du paragraphe 2 de l'art. 3 du Code est passée dans nos lois. Son origine n'est donc pas germanique, elle présente au contraire un système tout opposé au système des lois personnelles.

Plus tard, quand la féodalité alla s'affaiblissant, quand l'homme secoua de plus en plus le joug du servage que le sol avait fait peser sur lui, il posséda la terre au lieu d'être possédé par elle [3] ; quand la personnalité parvint

---

[1] M. Demangeat l'a nettement établi dans sa *Monographie, sur la condition civile des étrangers en France*, p. 54. Paris, 1844 , in-8°.

[2] *Histoire du droit français*, t. I, p. 352.

[3] M. Michelet, *Origine du droit français*.

à se détacher du domicile, le système du statut personnel
se rétablit, et le droit admit, en la combinant avec celle que
consacrait l'autorité de la coutume sur les immeubles situés
dans son détroit, la règle du statut personnel du paragraphe final de notre article, paragraphe qui est, d'ailleurs,
conforme à la philosophie du droit; car ne serait-il pas
contradictoire qu'un individu changeât d'état et de capacité
toutes les fois qu'il change de pays?

XIX. La maxime du droit coutumier : « Ne dote qui ne
veut », consacrée par l'article 204 du Code, n'est pas plus
germanique que le fond des dispositions de l'article 3. Le
principe contraire à la maxime : Ne dote qui ne veut, n'était
qu'un des effets de l'esprit des lois *Julia* et *Papia Poppœa*
qui, sous le règne d'Auguste, furent une si déplorable invasion de la politique dans le droit civil, et détruisirent la
liberté individuelle, pour pousser les citoyens au mariage à
l'effet de recruter une population que de longs malheurs
avaient décimée. — A la faveur de ces lois tyranniques,
les descendants furent armés d'une action civile contre
les ascendants ayant droit de puissance; ceux-ci furent con-
traints à doter et à marier leurs enfants [1]. Il est manifeste
qu'une action de cette nature était subversive de tous les
vrais principes. Le mariage étant l'état normal de l'homme
vivant en société, il y a sans doute obligation naturelle ou
devoir moral pour le chef de famille d'établir les enfants en
mariage et de les doter; mais, comme l'a très-bien dit Montesquieu, il est d'institution *ordinaire* que le père marie ses
enfants [2]. Sa prudence sera toujours au-dessus de toute
prudence.

---

[1] Frag., 44, D., *De ritu nuptiar.*
[2] Montesquieu, *Esprit des lois*, liv. XXIII, chap. VII.

En n'imposant donc pas au chef de famille l'obligation civile de marier et de doter ses enfants, les lois barbares n'ont fait que se conformer à une institution *ordinaire*, pour me servir de l'expression de Montesquieu ; et le droit coutumier, quand il fut appelé à se prononcer, à l'époque de sa constitution, entre le système des lois romaines suivi dans le pays de droit écrit et celui des Francs, se borna, en refusant de s'associer au premier, à adopter une institution dont nous venons de préciser le caractère, et qui, puisqu'elle n'était qu'*ordinaire*, ne pouvait pas avoir un caractère germanique.

Les mêmes réflexions peuvent s'appliquer en ce sens à la maxime : que l'enfant naturel n'est pas placé dans la famille et qu'il n'y jouit pas des droits et des prérogatives de l'enfant légitime (art. 338). Tout législateur qui considère le mariage comme la base fondamentale de la famille, et qui le protége par la consécration de la *monogamie*, ne peut pas ne pas retenir l'enfant naturel en dehors du foyer domestique, soit parce que, comme le dit l'auteur de l'*Esprit des lois*, il fallait que le législateur qui organise le mariage (*justas nuptias*) reprouvât, par cela même, le concubinage, et reléguât dans une condition inférieure les enfants qui en sont le produit ; soit parce que la nature même des choses s'oppose à ce qu'un enfant, qui n'est pas né sous le voile de l'union conjugale, soit placé sur le même plan que l'enfant qui est le fruit de cette union. Que celui-ci soit plus ou moins favorisé par les lois, que sa part sur le patrimoine de ses père et mère soit plus ou moins considérable, qu'il se trouve frappé dans la société d'incapacités plus ou moins radicales, ce sont là des points qui varieront nécessairement en raison du degré de la civilisation, de la pureté ou de la corruption des mœurs ; quelquefois ils seront subordonnés, comme dans le droit romain, à une organisation spéciale de la famille [1]. Mais quant au principe que l'enfant né d'une union extra-conjugale ne doit pas être l'égal de l'enfant né du mariage, il est, comme je viens de le dire, essentiellement rationnel ou philosophique. — Qu'a donc fait le Code civil en refusant à l'enfant naturel une place au foyer, une place égale à celle qu'il a réservée pour l'enfant de la légitimité? Il a obéi purement et simplement aux lois de la logique. La législation révolutionnaire s'était évidemment insurgée contre ces lois, par un de ces écarts qui constituent la violation la plus cynique de toutes les règles de la morale. Il est d'ailleurs si peu exact d'attribuer à un principe germanique les justes prérogatives accordées par le Code aux enfants légitimes sur les enfants naturels, que si les mœurs germaines primitives, à cause de leur grande chasteté, attestée par Tacite [2], s'étaient montrées très-rigoureuses, on voit dans l'histoire, et notamment dans certains tableaux de la vie des Francs par Grégoire de Tours [3], que ces mœurs se corrompirent après la conquête [4], et la tolérance fut telle qu'un des enfants naturels de Clovis, Thierry, obtint dans le partage de la Gaule une part semblable à celle qui fut faite aux trois enfants légitimes nés du mariage de ce prince avec Clotilde [5]. D'un autre côté, si dans les droits

---

[1] Ainsi, dans le droit romain, l'enfant naturel ne pouvant être *suus hœres*, aucune n'aura part dans la succession paternelle; et, au contraire, la succession de la mère n'étant dévolue que d'après la *naturalis cognatio*, il aura sur cette succession une part égale à celle des enfants légitimes (*Instit.*, lib. III, tit. IV, § 4, *De senat. orph.*). Ces distinctions pouvaient être logiques, mais elles amenaient à des résultats injustes.

[2] *German.*, c. XIX.

[3] Voir notamment le liv. IV.

[4] Voyez encore les *Récits des temps mérovingiens*, par M. Aug. Thierry, et M. de Sismondi, *Précis de l'histoire des Français*, chap. I, *Des Francs*.

[5] Voir M. de Sismondi, *dict. loc.*, p. 43. Il eut le royaume de Metz.

communs aux Barbares, et notamment d'après les lois salique et ripuaire, des différences profondes existent entre les enfants légitimes et ceux qui ne le sont pas, ainsi que le constate M. Pardessus dans son mémoire sur les Origines du droit coutumier, la quatorzième dissertation du même auteur sur la loi salique semble établir, à l'aide de certaines formules de Marculfe, que le père pouvait, par un acte de sa volonté, rendre ses enfants naturels habiles à lui succéder, et neutraliser ainsi les incapacités dérivant du droit commun. Les premiers désordres du moyen âge favorisèrent aussi les bâtards, qui formèrent une classe redoutable par l'audace comme par le nombre ; mais, à dater de l'avénement de la race capétienne, ils se trouvèrent frappés d'une incapacité tellement radicale, qu'ils ne pouvaient ni succéder aux auteurs de leurs jours, ni rien recevoir d'eux qu'à titre d'aliments, et que, dans plusieurs coutumes, ils ne pouvaient rien posséder qui leur fût propre, dans quelques autres, disposer de rien, ou seulement d'une valeur de cinq sols [1]. Les rigueurs sous le coup desquelles ils se trouvèrent placés s'expliquent par la double action des légistes, qui méconnurent fort souvent les intentions de l'Eglise, dont l'esprit était de rester miséricordieuse et compatissante à l'égard de toutes les classes, tout en flétrissant la débauche et le concubinat ; elles s'expliquent aussi par l'action puissante de la féodalité qui, en déprimant les bâtards [2], avait le double avantage de conserver la pureté des races ou le prestige des grands noms, et de retirer du droit

---

[1] Voir Loysel, *Institutes coutumières*, tit. Ier, *Des personnes*, nº 62 et suivants.

[2] Voir M. Michelet, *Origine du droit français*, vº *Bâtard*. Les bâtards étaient traités à peu près comme les aubains et les serfs (M. Laferrière, *Histoire du droit français*, t. IV, liv. VI ; *Epoque féodale*, chap. I, sect. I, nº 10).

de déshérence des profits considérables. Placés entre ce droit exclusif ou plein d'une âpreté contraire à la nature et à l'équité d'une part, et de l'autre entre les faveurs injustes et immodérées accordées aux enfants naturels par les lois révolutionnaires [1], les auteurs du Code, ennemis de toute réaction, ont su admettre une transaction satisfaisante pour tous les intérêts [2]; en cela, ils ont fait de la justice et de la conciliation, mais non du germanisme.

XX. Le rencontrerons-nous mieux, le germanisme, dans notre organisation de la tutelle dative conférée, comme on sait, par le conseil de famille? M. Kœnigswarter ne craint pas de l'affirmer, en disant que l'institution du conseil de famille est d'origine germanique [3]. Je ne saurais encore me rallier à cette opinion.

Dans notre ancien droit français, également suivi dans les pays de droit écrit, il n'y eut qu'une classe de tuteurs, celle des tuteurs datifs, ce qui faisait dire à Loysel : « En France les tutelles sont datives [4]. » Le tuteur y était nommé par le juge, mais à la suite d'un avis de parents, pris moitié dans la ligne paternelle, moitié dans la ligne maternelle du pupille. Cette institution ne venait pas du droit romain, sous le régime duquel, en l'absence de la tutelle testamentaire et de la tutelle légitime des agnats, le magistrat désignait le tuteur attilien, sous sa responsabilité, sans qu'il fût obligé de consulter les parents de l'impubère [5]; mais ce n'est pas à

---

[1] Décrets du 4 juin 1793 et du 12 brumaire an II.

[2] Cette transaction est très-bien expliquée par M. Chabot, en son rapport au Tribunat sur le titre *Des successions*, présenté le 26 germinal an XI (Fenet, t. XII, p. 193).

[3] *Revue de législation*, t. XVI, p. 346.

[4] Liv. Ier, tit. IV ; de la Vouerie, VI, nº 181.

[5] *Instit.*, lib. I, tit. XX, *De Attilian. tutor.*

dire pour cela qu'elle fût germanique. D'après les mœurs des
Barbares, on voit bien que le pupille qui avait perdu son
père était placé jusqu'à sa majorité sous la protection de
son plus proche parent mâle, de la ligne paternelle, ce qui
rappelle la tutelle légitime ou agnatique des Romains. Mais
tout cela se passait sans que la famille fût consultée et ap-
pelée à procéder à une élection ou désignation quelconque.
Plus tard, dans la société mérovingienne et carlovingienne,
on voit les comtes, qui cumulent tous les pouvoirs, chargés
de pourvoir à la défense des incapables, et spécialement des
pupilles. Ce fut donc à ce haut dignitaire, qu'à défaut du
mundium légitime du plus proche parent de la ligne paternelle, incombe la mission de nommer directement, par
le ministère de ses lieutenants, centeniers, dizeniers ou
viguiers, le tuteur au pupille. Enfin, quand la féodalité se
fut établie, l'attribution passa directement des comtes aux
seigneurs suzerains ou à leurs juges, et lorsque s'établit
dans le droit coutumier la maxime *paterna paternis, materna
maternis*, il fut logique d'appeler les parents des deux lignes
du pupille à concourir au choix de celui qui devait conserver
et faire prospérer les biens affectés aux parents les plus
propres de chaque ligne [1].

¡DEUXIÈME LIVRE DU CODE.

XXI. Ici il n'y a pas, selon moi, la plus petite molécule
germanique, par cette raison que les origines de cette partie
du Code sur les biens et les différentes modifications de la

---

[1] On pouvait dire des attributions du conseil de famille ce qu'Ulpien
disait de la tutelle légitime des agnats : « Hoc summâ providentiâ constitu-
tum est, ut qui sperarent successionem iidem tuerentur bona, etc. »
(*Fragm.* i, *De legit. tutor.*, ad princip.).

propriété, sur les servitudes réelles et personnelles, appartiennent toutes au droit romain légèrement modifié ou tempéré sur quelques points [1].

On y trouve bien çà et là quelques créations de notre droit national, comme, par exemple, celles des rentes foncières et constituées, celles qui sont relatives à certaines servitudes qu'on appelle légales. Mais on ne prétendra probablement pas que le système des rentes constituées, par exemple, produit de l'engorgement des capitaux opéré par les dispositions du droit canonique prohibitif du prêt à intérêt, ait quelque fondement plus ou moins éloigné dans les coutumes des Barbares; d'un autre côté, si les dispositions concernant les servitudes dont nous venons de parler sont, pour la plupart, des créations de notre droit coutumier, celui-ci ne pouvait pas les avoir reçues du droit germanique, puisque les Germains ne connaissaient pas les habitations contiguës ou agglomérées, habitués qu'ils étaient à résider dans des maisons ou plutôt dans des chaumières isolées les unes des autres [2]. Le silence presque absolu des lois barbares sur les matières correspondantes au deuxième livre du Code s'explique, en outre, par ce motif que les lois dont nous venons de parler ne sont, dans leur première rédaction du moins, que la constatation des coutumes pratiquées avant l'invasion. Or, avant cet événement, les Germains n'admettaient pas la propriété immobilière. Passant leur vie à guerroyer, et fatalement condamnés à un flux et à un reflux continuel, leurs tribus ne pouvaient attacher à la

---

[1] Voir notamment le tit. IX de la Coutume de Paris, *des servitudes et rapports de jurés*, qui était devenue le droit commun, même dans les pays de droit écrit, et dont les dispositions sont à peu de chose près passées dans ce Code.

[2] Tacite, *German.*, XVI.

possession du sol qu'une importance secondaire : aussi ne le cultivaient-elles que pour en retirer les produits indispensables ; et pour éviter que l'idée de propriété n'altérât les mœurs militaires, il avait été établi que les possessions changeraient de main tous les ans après la moisson, et, par une sorte de rotation, feraient retour à la masse commune. La seule propriété qu'elles admirent fut celle des biens meubles : des boucliers, des framées, des chevaux, en un mot tout ce qui entrait dans l'équipement d'un peuple toujours revêtu de ses armes, des troupeaux et des provisions strictement nécessaires pour les besoins de la vie ; tels étaient encore les principaux éléments de cette espèce de propriété. Je ne parle pas des monnaies d'or et d'argent, car l'usage n'en fut connu que par les tribus qui, habitant les contrées les plus méridionales de la Germanie, se mirent en rapport avec la civilisation romaine [1]. Sans doute un des grands changements qu'amena l'invasion, fut de faire passer ces Barbares de la vie errante à l'état agricole, par suite de l'établissement définitif de la propriété foncière ; mais cette modification, si grave dans leurs mœurs, ne s'opéra que lentement et d'une manière fort inégale [2].

J'aurais donc pu franchir, sans m'y arrêter un seul instant, les dispositions du second livre du Code civil, sur la propriété immobilière et sur la distinction des biens, si M. Zœpfl n'avait pas cru pouvoir attribuer à des influences germaniques les dispositions des art. 526 et 529 du Code civil, qui déclarent les actions mobilières ou immobilières, selon leur but ou leur objet final. Mais il est évident pour moi que les dispositions de ces articles ne sont qu'une applica-

---

[1] Toutes ces suppositions sont attestées par la *Germania* de Tacite. Voir aussi César, *De bell. gall.*, VI, 22.

[2] M. Guizot, *Histoire de la civilisation en France*, huitième leçon.

tion de la grande règle de l'article 516, qui n'admet plus que deux classes de biens, les meubles et les immeubles; règle qui n'est elle-même que la reproduction à peu près littérale de l'article 88 de la Coutume de Paris, suivie dans la plupart des pays coutumiers : « En la prévôté et la vi- « comté de Paris, il y a deux sortes et espèces de biens seu- « lement, c'est à savoir : meubles et immeubles » ; et la Coutume de Paris ne s'expliquait ainsi que parce qu'elle entendait rompre avec les doctrines de quelques pays de droit écrit, où, sur le fondement de la loi vii, § 4, au Digeste, *De peculio*, on considérait les actions et obligations comme une troisième classe de biens, séparée des meubles et des immeubles [1]. Force fut donc aux actions et à tous les biens incorporés de se réduire à l'une de ces espèces de biens, meubles ou immeubles, et de se répartir, selon leur objet fiscal, dans l'une de ces deux classes. Voilà, selon moi, la véritable origine des articles 526 et 529 du Code civil. L'ensemble des lois barbares est resté étranger à la théorie des actions ou des choses incorporelles. Cette partie du droit est nécessairement abstraite; elle repose sur des distinctions plus ou moins métaphysiques, qui ne pouvaient convenir à la simplicité et à la naïveté des hommes chargés de la rédaction des lois germaniques. Je puis donc passer immédiatement à l'examen du troisième livre du Code, qui nous retiendra plus longtemps.

TROISIÈME LIVRE.

XXII. La théorie qui se présente à nous la première est celle des successions *ab intestat.* Cette théorie est assai-

---

[1] Cette doctrine était reçue dans le Languedoc, comme on le voit dans le commentaire de Serres sur les *Institutes*, liv. ii, t. ii, p. 107.

sonnée de germanisme, disent les adeptes de l'école alle-
mande, unanimes sur ce point, et qui se placent sur ce
terrain avec la certitude d'y obtenir d'immenses avantages.
Lisez les travaux de Klimrath ou de M. Zœpfl ; consultez
M. Kœnigswarter ou M. Zachariæ, et partout vous trouverez
sous leur plume cette affirmation énergique que le système
des successions *ab intestat* repose tout entier sur l'idée de la
copropriété des biens affectés à la famille, de l'existence
d'un *condominium* domestique, d'où s'échappent, comme les
rayons de leur centre, les principes de la saisine légale for-
mulés en l'article 724[1], et le germe du retrait successoral
formulé en l'article 841 du Code.

XXIII. Je conteste d'abord, et de la manière la plus for-
melle, la prémisse posée par ces savants docteurs, à savoir
l'existence de cette prétendue copropriété des biens affectés
à la famille du défunt. Sans doute ils ont établi, dans leurs
recherches historiques sur l'organisation de la famille ger-
maine, l'existence de la solidarité active et passive entre
tous les membres, solidarité que tout concourait à resser-
rer : institutions judiciaires, organisation de la phalange
guerrière pour le combat, système des *cojuratores* appelés
à déposer en témoignage dans les causes criminelles, droit
relatif au payement de la *faida* et des wergell pour les
compositions tarifées, dues en cas de meurtre[2]. Tout cela
tend, j'en conviens, à mettre en relief l'idée d'une association des plus étroites, établie pour une défense mutuelle.
Sans doute ils ont prouvé encore que, longtemps après
l'invasion, la copropriété des biens était si nettement re-

---

[1] Voir, dans la *Revue étrangère* de M. Fœlix, un article de M. Rigaut sur
la *Saisine héréditaire*, 1842, p. 777 et suiv.

[2] Voir M. Laferrière, *Histoire du droit français*, t. III, liv. IV, ch. V, § 4.

connue, qu'indépendamment d'un droit de réserve, dont certains documents cités par M. Pardessus supposent l'existence [1], le père de famille ne pouvait pas disposer à titre gratuit ni à titre onéreux de ses propres [2], sans le consentement de ses héritiers présomptifs de la ligne collatérale comme de ceux de la ligne directe, selon quelques écrivains, de la ligne directe seulement, selon d'autres [3]. Ils sont d'ailleurs tous d'accord sur ce point, que le propriétaire avait plus de liberté en ce qui concernait les héritages acquis par son industrie ou par son travail, c'est-à-dire les acquêts [4], et en outre les meubles. Mais il est reconnu que, depuis le douzième siècle, le père de famille n'était plus gêné, dans les actes et dispositions qu'il voulait faire, par le besoin de recourir au consentement des héritiers présomptifs, et que tout le patrimoine devint pleinement disponible, à l'exception de la portion qui, par imitation du langage romain, prendra le nom de légitime [5]. Les tendances aristocratiques, des sommités de la classe noble, descendirent bientôt dans la bourgeoisie, pénétrèrent fortement dans la trame du droit civil, qui conspira par toute espèce de moyens en faveur de la concentration des biens dans la famille : retrait lignager, préférable, dans le Nord, au retrait féodal; réserves coutumières qui ne pourront être entamées que par les donations entre-vifs, rendues plus difficiles par la création de la maxime : *Donner et retenir ne vaut* [6]; prohibition absolue

---

[1] Quatorzième dissertation sur la loi salique.

[2] Aleux, terre salique, *bona paterna, aviatica, sortes*, selon les locutions des diverses lois barbares.

[3] Voir M. Laferrière, *Histoire du droit français*, t. III, liv. IV, première période, p. 171 et suiv., et Klimrath, *Histoire du droit français*, t. I, p. 389.

[4] *Comparata, adquisita* (formules de Marculfe, liv. XI et XII).

[5] Voir M. Laferrière, *dict. loc.*

[6] Coutumes de Paris, art. 273 et 274.

de libéralités entre époux pendant le mariage[1], impuissance du testament pour disposer d'une partie supérieure au quint des propres[2], dévolution de ces propres aux parents du lignage qui les avaient versés dans la famille, substitutions fidéi-commissaires établies sur un plan des plus larges; tout concourait à constituer un vaste réseau d'institutions juridiques propres à immobiliser les biens dans la famille. Mais l'idée de copropriété ou de *condominium* domestique, qui était une *vérité* dans les lois germaniques, et qui se conserva jusqu'au douzième siècle, s'était pourtant considérablement affaiblie et semblait, en présence de la faculté de disposer sans le consentement des proches, être passée à l'état de simple fiction, dont il ne faut pas plus abuser que de celle qu'avaient admise les Romains eux-mêmes en matière d'héritiers siens et nécessaires. De nos jours, la fiction dont nous venons de parler peut-elle avoir survécu, quand toutes les institutions qui semblaient la soutenir ont péri dans le naufrage de la révolution? Que reste-t-il en effet des substitutions fidéi-commissaires, du retrait lignager, des réserves coutumières, de la maxime *Paterna paternis*, etc.? Que reste-t-il encore de cet esprit aristocratique qui pesait sur l'ensemble de l'ancien droit?

L'esprit démocratique[3] est entré en vainqueur dans le Code civil; il y a succédé à toutes les idées contraires de l'ancienne jurisprudence. Celle-ci avait voulu frapper les fortunes d'une espèce de mainmorte; le Code civil les a toutes émancipées. L'ancienne jurisprudence se plaisait à favoriser les concentrations des terres; elle favorisait la con-

---

[1] A l'exception du don mutuel, *ibid.*, art. 282.

[2] Coutumes de Paris, art. 292, 295.

[3] Voir, sur l'influence de cet esprit, M. Troplong, *Revue de législation*, 1848, t. II, p. 128 et suiv.; 1850, t. I, p. 32 et suiv.; t. III, p. 1 et suiv.

servation des grosses fortunes et des grands patrimoines, parce que le bien du royaume et la prospérité de l'État étaient attachés, dans les idées de cette époque, à l'éclat et au prestige des grands noms [1], à la perpétuité des bonnes maisons et familles anciennes. Le Code favorise, au contraire, la diffusion et le morcellement des patrimoines, pour aboutir autant que possible à l'égalité; il a mobilisé le sol et donné à la liberté, à la facilité la plus absolue des transactions, toutes les garanties désirables [2].

La fiction de copropriété a donc complétement disparu avec le régime qui succomba en 1789, et le Code civil, resté sincèrement démocratique s'il a refusé d'être révolutionnaire, n'admet pour le père de famille d'autres entraves à la liberté de disposer à titre gratuit que les limites de la réserve (art. 544, 913 et suivants). .

J'étais donc autorisé à dire que toutes les théories du *condominium* de famille, sous l'empire des lois actuelles, sont entièrement fausses.

XXIV. Les conséquences que les germanistes en déduisent ne le sont pas moins; ils en font découler les règles de la saisine légale de l'art. 724, qui n'est que la reproduction de l'article 318 de la coutume de Paris : *Le mort saisit le vif, son hoir le plus proche et habile à lui succéder.* On ne peut s'empêcher d'être étonné de voir se formuler encore de semblables idées, lorsque, dès le commencement du dix-

---

[1] Voir notamment l'édit de Charles IX, appelé l'édit de Saint-Maur. Toutes les lois des Valois furent rédigées dans ce but (M. Laboulaye, *Condition civile des femmes* , p. 301).

[2] Ces suppositions se trouvent explicitement formulées dans l'exposé des motifs du titre *Des successions* , par M. Treilhard , et au titre *Des donations entre-vifs et par testament,* par M. Bigot de Préameneu; Fenet, t. xii. Voir notamment ce premier exposé des motifs, p. 529.

septième siècle, Eusèbe de Laurière avait démontré que la maxime *le mort saisit le vif* s'est introduite dans notre droit par l'intervention de nos légistes français, en haine de la fiscalité féodale [1]. Les mêmes origines ont été récemment mises en relief par M. Troplong , dans ses observations critiques sur les travaux de MM. Championnière et Rigaud [2]. Le principe de la saisine légale n'est donc pas un principe germanique. Il est vrai qu'une institution analogue était admise par les lois barbares; elle découlait naturellement du principe de la copropriété des biens, qui, comme je l'ai dit, était, dans l'esprit de ces lois, fortement accentuée. Les parents étaient si bien saisis, que lorsqu'ils voulaient s'affranchir du payement des charges héréditaires ou des autres obligations imposées par la parenté, ils étaient obligés de renoncer solennellement et publiquement à cette parenté, d'ailleurs restreinte, par toutes les lois barbares, dans un nombre assez limité de degrés [3]. La loi salique, dans son titre 63 [4], *De illo qui se de parentilla tollere vult*, contient à ce sujet des dispositions qui sont sans contredit un des points les plus curieux de la législation barbare. Mais la saisine consacrée par les mêmes lois avait disparu à la suite de l'avénement de la féodalité; elle avait été comme étouffée sous les rudes étreintes des aspirations féodales qui, faisant prévaloir dans le nord de la France la maxime *Nulle terre sans seigneur*, considéraient le suzerain comme le propriétaire originaire de toutes les propriétés enclavées dans son territoire. On en induisait que, les propriétaires n'ayant qu'une sorte

---

[1] Delaurière, sur Loysel, liv. II, tit. v. art. 1.

[2] *Revue de législation*, t. x, p. 147 et suiv.

[3] M. Pardessus, *Mémoire sur les origines du droit coutumier*, dict. loc, p. 719. Voir Tacite, *Germ.*, xx.

[4] M. Pardessus, dissertation quatorzième sur la loi salique.

de concession ou de détention viagère, à la mort de ceux-ci les biens devaient remonter à leur source, où les héritiers devaient aller les reprendre en payant, sous le nom de droit de saisine, relief ou rachat, des droits d'investiture [1]. C'est dans cet état de choses que les légistes français, ingénieux à combattre la féodalité, firent prévaloir la maxime *Le mort saisit le vif*, reçue dans toute la France, malgré les obstacles que lui opposaient les doctrines du droit romain qui n'admettaient pas cette saisine [2]. Ce fut donc bien en réalité une maxime germanique qui prévalut, mais elle prévalut *indépendamment* de son caractère primitif, et restaurée par des causes étrangères à son origine. Encore une fois, la proposition de MM. Zœpfl, Zachariæ et autres n'est pas fondée. Il importait d'autant plus de la combattre, que le dernier auteur que nous venons de nommer déduit, de ces idées germaniques, cette opinion, que la saisine était collective en faveur de tous les héritiers au degré susceptible, tant qu'il n'y avait pas eu acceptation de la part des héritiers du degré le plus rapproché [3]; opinion essentiellement erronée et contraire au texte de l'art. 318 déjà cité de la coutume de Paris, qui est, de l'aveu de tous, passé tout entier, sauf rédaction, dans l'article **724** du Code civil.

XXV. L'école germaniste fait dériver encore, de la prétendue copropriété des biens, le germe du retrait successoral décrété par l'article **841** du même Code.

---

[1] Delaurière, sur Loysel, *dict. loc.*, et M. Troplong, *Revue de législation*, *dict. loc.* ; M. Giraud, *Précis sur l'ancien droit coutumier français*, premier article (*dict. loc.*, p. 8 et 9).

[2] Selon l'axiome *Hæreditas non adita non transmittitur* (V. Cujas, t. ix, p. 772). Il y avait exception pour les héritiers siens et nécessaires (*Instit.*, ii, 19, § 2).

[3] *Droit civil théorique français*, ii, § 609. Cette erreur doctrinale a été relevée par ses savants traducteurs, MM. Aubry et Rau, *ibid.*, p. 24, note 18.

Je ne veux pas rechercher ici sous quel point de vue, dans les institutions des Barbares, ce retrait se distingue du retrait lignager, spécial à l'aliénation des propres. Il me suffira de dire que s'il a eu une existence indépendante de ce second retrait, il s'était entièrement oblitéré ou effacé, si bien qu'il ne fallut, pour le rétablir, rien moins que toute l'autorité qui s'attachait aux arrêts du Parlement de Paris. On s'aida, pour cela, des célèbres lois romaines *Per diversas* et *ab Anastasio*, qu'on étendit à la cession des droits successifs, et on invoqua un sentiment de haute convenance, qui ne doit pas permettre à des étrangers de s'immiscer dans les secrets des familles [1].

Le retrait successoral admis par le Code n'est donc entré dans le Code qu'en vertu de la consécration que lui avait donnée le premier des Parlements du royaume [2]; le Code contient donc sur ce point un principe germanique restauré, mais restauré, comme la saisine légale, par des causes tout à fait indépendantes de son institution primitive.

XXVI. L'école d'outre-Rhin obtiendra-t-elle des avantages moins contestés quand il s'agira d'expliquer à sa manière l'admission dans le Code de la règle de l'article 1003 qui a recueilli la maxime coutumière : *Institution d'héritier n'a lieu en France* [3] ?

Les traditions des lois franques sont ici palpables, disent les auteurs dont j'ai plusieurs fois mentionné les noms. Voyez, en effet, comme les idées s'enchaînent naturellement et logiquement ! Les Germains, tant qu'ils vécurent au mi-

---

[1] Voir Lebrun, *Des successions*, liv. IV, chap. II, sect. III, n° 661 ; Malleville, analyse de l'art. 841, et le rapport fait au Tribunat par M. Chabot (Fenet, XII, n° 211). M. Brives-Cases a constaté ce point historique dans la *Revue de législation*, 1851, t. I, p. 69 et suiv.

[2] Le tribun Chabot est explicite sur ce point, *dict. loc.*

[3] Loysel, liv. II, t. IV, reg. 5, et coutume de Paris, art. 299.

lieu de leurs forêts et de leurs marais, n'admirent pas le testament[1]. Convertis au christianisme, après leur établissement dans les Gaules, subissant l'influence de l'Eglise qui, à cause des legs pies, était intéressée aux testaments, ils se familiarisent avec ce mode de dispositions dont ils empruntent les formes aux lois romaines avec lesquelles ils se trouvent en contact. Mais le testament est une grave dérogation à leurs instincts nationaux ; ils ne l'admettent qu'avec une sorte de répugnance, qui se traduira dans un texte du titre 60 de la loi des Bourguignons, où, par un esprit de protestation contre la violence faite aux habitudes germaniques[2], le testament est qualifié d'usurpation ; par-là s'expliquent aisément la suprématie que la succession légitime conservera constamment sur la succession testamentaire, l'impuissance du testament de conférer l'hérédité proprement dite, et la valeur de cet acte réduit à un simple codicille, selon la vieille maxime : *Dieu seul ait les héritiers*[3].

Je reconnais tout ce qu'il y a de plausible dans cette explication ; mais, s'il faut faire une part à l'influence germanique dans l'abrogation de la maxime romaine *Institutio hœredis est caput et fundamentum totius testamenti*[4], il faut faire une part non moins large à l'autorité du rationalisme. La règle romaine n'est certainement pas philosophique, car on se demande pourquoi un testateur ne peut tester qu'à la condition d'instituer un héritier, pourquoi il ne peut se borner à faire de simples legs ; comment, enfin, le testament, qui est destiné à donner la plus haute signification à la souveraineté de la volonté humaine, impose souvent à

---

[1] Tacite, *German.*, **XX**.

[2] *Adversus morem veterum, usurpare velle cognoscimus*, tit. **LX**, § Ier

[3] Glanville, **IX**.

[4] Gaius, **II**, 229 ; *Instit.* de Justinien, *De legat.*, § 34.

cette volonté des lois essentiellement gênantes pour elle. Les Romains avaient-ils assis la formule *Institutio hæredis, etc.* sur la liaison intime qui, par les *sacra privata*, existait originairement entre leur droit civil et la théocratie [1]? La faisaient-ils dériver de la solennité du testament, qu'ils avaient élevé à la hauteur d'une loi nationale; de la haute convenance qu'il y avait à ne soumettre au peuple romain qu'un acte de dernière volonté [2]?

C'est ce que j'ignore. Ce que je sais bien, c'est que la maxime, je le répète, n'est pas puisée dans la nature même des choses. Ainsi, je consens à reconnaître avec les germanistes que l'influence qui a toute leur prédilection, n'est pas étrangère au succès qu'a obtenu dans nos lois la maxime : *Institution d'héritier n'a lieu;* mais je crois qu'il est juste de faire honneur d'une bonne partie de ce succès à cette influence du rationalisme, qui a été si prépondérant dans l'élaboration de notre droit moderne. Il ne faut pas, d'ailleurs, perdre de vue que le Code n'a pas maintenu, en abrogeant la règle romaine *Institutio hæredis...*, l'affaiblissement du testament selon les idées germaniques; que, s'inspirant ici des traditions méridionales, il l'a fait remonter, sinon à la hauteur où l'avaient placé les idées romaines, du moins à un degré beaucoup plus élevé que celui qu'il avait dans les pays de coutume. Le légataire universel a, en effet, la saisine dans les cas ordinaires, c'est-à-dire dans le cas où il n'y a pas d'héritiers à réserve (art. 1004), et la saisine, attribuée à ces héritiers par des motifs de pure convenance, n'altère pas le caractère de *successores in universum jus*, attribué aux légataires universels ou à

---

[1] Gaius, II, 57, prouve cette liaison intime.

[2] Gaius, II, § 101 et suiv., sur les formes du testament *calatis comitiis*, et le fragm. 3, *qui testament. facere possunt.*

titre universel, comme aux héritiers du droit romain [1].

Je n'ai plus, pour terminer tout ce qui a trait à la matière des donations entre-vifs et testamentaires, qu'à dire quelques mots sur la suppression de l'exhérédation dans le Code et sur l'institution contractuelle.

Les théories que nous avons déjà exposées sur le caractère du mundium paternel, pouvoir essentiellement protecteur, expliquent naturellement comment les Barbares n'avaient pas admis dans leurs lois, en faveur de l'ascendant, le droit d'exhérédation, qui a joué un rôle si considérable dans la famille romaine. Les lois barbares s'étaient contentées, comme nous, de décréter certaines causes qui excluaient de la succession l'héritier coupable d'un crime envers le défunt, ce qu'on appelait *la main sanglante* [2]; et si les choses étaient restées dans cet état, j'adhérerais volontiers au sentiment des germanistes, qui voient une influence germanique dans l'omission intentionnelle de l'exhérédation de la part des auteurs du Code civil. Mais comment peut-on oublier ce qui s'est passé dans notre droit à l'époque de la renaissance des études du droit romain au moyen âge? Comment ne pas se rappeler que, grâce à la faveur de ces études, l'exhérédation avait, dès les temps les plus reculés, pris place dans le droit coutumier; qu'elle se trouve, par exemple, mentionnée dans les Assises de Jérusalem au douzième siècle [3], et au treizième dans les travaux de Philippe de Beaumanoir [4], et dans ceux de Pierre de Fontaines [5]? Com-

---

[1] Ces dernières doctrines sont contestées, je le sais (Voir la *Revue critique de jurisprudence*, 1842, p. 165 et suiv.; 344 et suiv.); mais je les crois exactes. V. aussi le *Recueil de l'Acad. de législ. de Toulouse*, t. 1er, p. 114 et suiv.

[2] *Miroir de Saxe*, III, 84, § 1 et 3, cité par M. Zœpfl, *dict. loc.*, p. 176.

[3] *Assis. des Bourg.*, chap. CCXIX et CCXX.

[4] *Cout. de Beauvoisis*, chap. XII, n° 17, 20, de l'édition de M. le comte de Beugnot, p. 187 et 188.

[5] *Conseil à un ami*, chap. XXXIII, § 33, de l'édition Marnier, p. 400-401.

ment ne pas se rappeler enfin que l'exhérédation, ainsi empruntée au droit romain, avait été plus tard régularisée par des ordonnances d'Henri II, de Louis XIII et de Louis XIV?

Le principe de l'exhérédation succomba sous le coup des lois révolutionnaires[1] qui, faisant subir au pouvoir domestique les restrictions considérables qu'elles imposaient à tous les pouvoirs publics, ne jugèrent pas convenable de laisser plus longtemps une arme de cette nature entre les mains du père de famille[2]; et les auteurs du Code civil, bien qu'ils aient restauré ou relevé la puissance paternelle, n'ont pas cru devoir réagir jusqu'à rétablir l'exhérédation. C'est là ce qui explique l'absence de cette institution dans le Code, et non le caractère du mundium paternel, que l'invasion du droit romain avait altéré, du moins au point de vue que nous venons d'étudier.

XXVII. J'arrive à l'institution contractuelle.

Ici, deux systèmes sont en présence : l'un, qui voit dans les constitutions germaniques l'origine de ce mode de disposition; l'autre, qui place cette origine dans le droit féodal.

Ces deux opinions extrêmes me paraissent devoir être conciliées par une sorte d'opinion transactionnelle.

L'existence chez les Germains d'un mode de transmission de l'hérédité autrement que par un testament, saisissant irrévocablement le donataire d'un droit à l'universalité du patrimoine, en vertu d'un pacte ou convention, est établie d'une manière positive[3].

---

[1] Voir, dans la *Revue étrangère* de M. Fœlix, un article de M. Blanchet, année 1848, p. 406 et suiv.

[2] Dans son analyse raisonnée du Code, M. Malleville met en lumière le véritable esprit du Code sur cette matière.

[3] M. Pardessus, onzième dissertation sur la loi salique.

Peu m'importe de connaître, d'après la loi salique, les formes symboliques dont la tradition ou l'investiture faite en faveur de l'héritier constitué se trouvèrent couronnées [1]. Il me suffit de savoir que, contrairement aux doctrines romaines [2], ce pacte avait assez d'énergie chez les Barbares pour faire un héritier [3]. Cette institution s'est constamment maintenue, et nous en suivons très-distinctement les traces non interrompues à travers les diverses phases de notre histoire. Au septième siècle, nous la trouvons dans les formules de Marculfe [4]; au huitième, dans la loi des Lombards; au neuvième, dans un capitulaire de Charlemagne [5] de l'an 803; enfin nous la voyons debout dès l'origine de notre droit coutumier, comme l'atteste Loysel, dans une de ses règles [6].

La féodalité, dont l'organisation fut d'abord toute militaire, trouve dans l'institution contractuelle un moyen précieux d'assurer le service des biens hommagés. Usant de leur droit d'intervention dans le mariage des héritiers de de leurs vassaux, les seigneurs ne manquèrent pas de stipuler, à cette occasion, sur la transmission héréditaire des fiefs. Ainsi, grâce à l'intérêt féodal, l'institution contractuelle fut fortement établie dans le contrat de mariage, où elle se trouve cantonnée en définitive par l'influence romaine qui lui était systématiquement hostile [7].

En résumé, il résulte des faits historiques, que le germe

---

[1] Voir dans cette loi le titre de *Adfatomia*.

[2] Const. 15 et 19, *De pactis*.

[3] Loi salique, tit. XLVIII.

[4] II, 14.

[5] Baluze, I, p. 398.

[6] N° 308 de l'édition Dupin et Laboulaye, I, p. 30.

[7] Cette opinion, développée par M. Esbach, professeur à la Faculté de

de l'institution contractuelle réside dans les lois germaniques ; que ce germe fut puissamment développé par la féodalité ; enfin, que son action fut, au contraire, contenue par le droit romain, et sa sphère d'action limitée dans le contrat de mariage.

XXVIII. Ce serait maintenant le cas de vérifier ce qu'il y avait de germanique dans la théorie générale des contrats et obligations. Mais je passerai cette matière sous silence, parce que le rapprochement du Code avec les coutumes des tribus franques ne pourrait donner lieu qu'à un très-petit nombre d'observations et d'un intérêt secondaire.

C'est que le fond des théories des contrats et obligations dans le Code civil nous vient presque tout entier du droit romain, épuré pourtant des influences du formalisme et d'autres causes non rationnelles [1]. Il suffit, pour se convaincre de cette origine, de confronter les textes du Code avec les œuvres de Domat et de Pothier, et les travaux préparatoires du Code lui-même [2]. Sans doute, à l'aide d'un scrupuleux examen, il ne serait pas impossible de découvrir quelques-unes des règles du droit germanique, conformes à celles que le Code a décrétées, en matière d'engagements, par exemple, en matière d'échange ; car on voit que dans les lois barbares l'échange fut, de bonne heure, soumis aux mêmes règles que la vente. Mais

Strasbourg, m'a paru concilier tous les textes et tous les documents connus sur cette matière (*Revue de législation*, t. **xi**, p. **12** et suiv.).

[1] Ainsi, je ne regrette pas, par exemple, l'abrogation de la maxime *Uti lingua nuncupassit ita jus esto*, de la différence si profonde qui séparait les pactes des stipulations, de la règle *Ad tempus deberi non potest* (*Instit.*, *de verb. obligat.*, § 3), de la distinction entre les actions *bonæ fidei* et les actions *stricti juris* (*Instit.*, liv. **iv**, tit. **vi**, 30), des *obligationes litteris* (Gaius, **iii**, 127 et suiv.; *Institut.*, liv. **iii**, tit. **xxi**.).

[2] Voir M. Pardessus, sur les *Origines du droit coutumier*, dict. loc.

resterait toujours à examiner si nos vieux légistes français ne se préoccupèrent pas plus, pour admettre ces maximes, de l'autorité de la raison prise dans la nature des choses, que de leur respect pour les institutions émanées des races teutoniques.

XXIX. J'arrive à l'examen des origines de la communauté, que bon nombre de jurisconsultes font dériver des institutions germaniques. Je ne parle pas de ceux qui la font dériver des institutions galliques, car j'ai déjà refuté leur opinion. Je passe aussi sous silence ceux qui l'ont présentée comme étant une émanation du droit romain, cette opinion constituant un des abus les plus éclatants des ultramontains en jurisprudence. Enfin, je procède de la même manière à l'égard de ceux qui la reproduisent comme une création de la féodalité, la vive résistance qu'elle rencontra dans les familles nobles [1] venant donner le démenti le plus énergique à cette conjecture.

Mais, puisque la communauté n'est ni d'origine gallique, ni d'origine romaine, ni d'origine féodale, elle est donc nécessairement d'origine germanique? Nullement. M. Troplong vient de le démontrer par des arguments si décisifs, qu'il serait oiseux de les reproduire [2].

Mais d'où vient donc l'institution? M. Troplong l'a dit : elle est une création nationale, qui s'est opérée insensiblement et imperceptiblement au moyen d'usages latents, de coutumes intimes qui, à la suite de la fusion des races juxtaposées sur le sol gallo-romain, ont pris enfin possession de la société. Cette conjecture me paraît être la plus plausible

---

[1] Voir M. Laboulaye, *Condition civile des femmes*, liv. IV, sect. III, tit. II, chap. III, p. 377 et 378.

[2] Préface du *Commentaire du contrat de mariage*, p. 95 et suiv. Voir aussi MM. Esbach et Dubois, *dict. loc.*

de toutes celles qui ont été proposées ; et je me contenterai, en l'adoptant d'une manière générale, de consigner ici quelques observations qui, destinées encore à tempérer des systèmes trop exclusifs, pourraient peut-être amener une conciliation.

Je noterai d'abord que toutes les controverses auxquelles les érudits se sont livrés sur ce point historique me semblent dominées par une idée essentiellement fausse, celle de la nécessité de trouver les origines de la communauté ailleurs que dans la raison même des choses, c'est-à-dire dans les rapports naturels qu'établit le mariage, et dans ce sentiment d'équité qui doit faire participer au profit celui qui a pris part au labeur [1].

On peut reprocher, sans doute, à cette combinaison d'être un foyer de contestations, au sujet des liquidations et partages qu'elle rend nécessaires à l'époque de la séparation des biens ou de la dissolution du mariage. Mais à part ce grave inconvénient, qui est d'ailleurs commun à toutes les sociétés embrassant des intérêts matériels, la communauté dont les éléments se trouvent posés dans l'art. 1401 du Code civil, éléments d'ailleurs fort susceptibles d'être modifiés par l'effet des conventions des parties, me paraît être en pleine harmonie avec le principe de l'unité morale que le mariage établit entre les époux. Je conçois que la communauté ne se soit pas produite chez les peuples de l'antiquité, qui ont condamné la femme à une condition inférieure ; qu'il ne se soit pas produit non plus chez les Germains, où le culte particulier dont la femme était l'objet n'empêchait ni que celle-ci fût retenue dans les liens d'un mundium perpétuel, ni qu'elle

---

[1] **M.** Troplong l'a mise en relief dans son *Mémoire sur l'influence du christianisme dans le droit romain.*

fût l'objet d'une défaveur marquée en ce qui concernait le droit de succession [1].

C'est de l'union des époux, mêlée encore à un profond sentiment de justice, qu'est sorti le principe de la communauté. Il est, toutefois, juste de remarquer que si les lois germaniques n'avaient pas pratiqué ce système, puisqu'elles admettaient le principe de la distinction du patrimoine des époux, plusieurs d'entre elles en avaient posé les premières bases, en accordant à la femme devenue veuve une partie des conquêts faits, pendant le mariage, pour la récompenser de sa collaboration [2]. Ainsi, d'un côté, les lois barbares avaient apporté d'abord et consacré l'influence de l'équité, dont la voix proteste hautement contre l'inflexibilité du régime dotal, qui refuse à la femme toute participation à des profits auxquels elle a pourtant contribué, sinon par son travail, du moins par son esprit conservateur. De son côté, l'Eglise apportait le principe de l'unité et de l'égalité. Il était réservé au moyen âge de donner à ces idées leur plus haute énergie. Il proclama la suzeraineté absolue du droit canonique sur le contrat de mariage ; il moralisa la loi du travail, il propagea partout cet esprit d'association que l'on vit en fanter sur toutes les parties du sol des sociétés taisibles ou tacites, entre gens vivant au même pot et feu et au même chanteau. De la fusion de divers éléments ainsi réchauffés et fécondés par une impulsion des plus vives, devait jaillir la combinaison de l'association conjugale mêlant et confondant les biens des époux dans une certaine mesure. Le germanisme a donc contribué pour une part seulement aux origines de la communauté.

---

[1] Voir Edouard Gans, *Des successions*, passim. Toutes les lois barbares étaient d'accord sur ce point.

[2] Voir, sur les variétés de ces lois, Klimrath, *dict. loc.*, § 230, p. 373 et suiv.

XXX. Je ne dirai rien ni du système hypothécaire, ni de la prescription. On sait que l'ancien système hypothécaire, que les lois barbares ne connurent pas, vient du droit romain[1]; ces lois empruntèrent au même droit leurs principes sur les prescriptions. Je n'ai donc pas à m'en occuper.

Je ferai, toutefois, exception sur ce dernier objet, à l'égard des origines, par l'examen des racines de l'art. 2279 du Code Napoléon, formulant la maxime : *En fait de meubles la possession vaut titre.* Cette maxime est exclusivement germanique, dit M. Zœpfl, et il cite d'anciens adages qui prouvent qu'elle était reçue dans tout le droit allemand.

Dans le droit romain, le propriétaire d'un objet mobilier pouvait le revendiquer entre les mains de tout tiers détenteur, tant que l'usucapion ne s'était pas accomplie au profit de celui-ci.

Il faut même remarquer qu'à l'égard des objets mobiliers dont les propriétaires légitimes avaient été dépouillés par le vol ou par la violence, la revendication en était perpétuelle. Les lois barbares portent dans leur ensemble les traces suffisamment reconnaissables d'un tout autre système, d'après lequel le propriétaire d'un effet mobilier ne peut, sauf le cas de vol, le revendiquer que contre la personne même avec laquelle il a traité de cet objet, ou à laquelle il l'a remis ou confié, et non contre les tiers qui le tiennent de la même personne. Les divers documents que cite M. Pardessus, dans son mémoire sur les origines du droit coutumier[2], sont précis, et, entre autres textes, celui de la loi des Visigoths[3] m'a paru d'autant plus remarquable que cette loi,

---

[1] Mais elles admirent des sûretés ou engagements résultant du nantissement et de la gagerie (Klimrath, *dict. loc.*, § 159).

[2] Pag. 757. Voir aussi Klimrath, *Histoire du droit français*, liv. VIII, tit. III.

[3] Page 734.

rédigée sous l'influence du clergé d'Espagne, est tout imprégnée de droit romain. D'un autre côté, M. Pardessus établit, dans son analyse des *Assises de Jérusalem*, que ce monument, le plus ancien de notre droit coutumier, consacrait les mêmes règles. Les lois barbares l'avaient donc versé dans notre droit national. Mais était-il parvenu à s'y maintenir?

La négative me paraît clairementd émontrée; car, au seizième et au dix-septième siècle, la doctrine dominante était que le tiers détenteur d'un objet ne pouvait se protéger contre la revendication du propriétaire légitime qu'au moyen d'une prescription trentenaire. Il y avait bien quelques coutumes qui, par imitation du droit romain, se contentaient de la prescription triennale ; mais elles étaient considérées comme dérogeant au droit commun de la France, ainsi que le jugea le Parlement de Paris, par un arrêt solennel du 11 juillet 1738.

La doctrine moderne ne s'est développée que fort tard, comme on le voit dans Bourjon. Elle eut bientôt la bonne chance d'être acceptée par Pothier, dont l'autorité l'a fait passer dans le Code [1].

Mais en lisant les deux auteurs qui sont les véritables restaurateurs de la maxime de l'art. 2279, on n'y trouve pas un seul mot relatif aux émanations germaniques, et ils se bornaient à invoquer à l'appui de leur théorie des motifs pris dans la sécurité et le bien du commerce, dans les exigences des transactions relatives aux effets mobiliers. Nous retrouvons donc là un nouvel exemple de la présence dans le Code d'un principe germanique, mais admis *indépendamment de son caractère originaire.*

XXXI. Me voici parvenu au terme de l'examen que je

---

[1] Toutes les autorités dont je viens de parler se trouvent indiquées dans le *Commentaire* de M. Troplong, sur l'art. 2279 du Code Napoléon.

m'étais proposé. J'aurais eu beaucoup à y ajouter si j'avais
eu la prétention de le rendre complet, de scruter minutieu-
sement toutes les parties de l'édifice de notre législation
pour y rechercher les parcelles de ciment germanique
qu'elles peuvent contenir ; surtout si j'avais voulu, à titre de
couronnement de mon travail, parler de ce que les conquérants de la Gaule romaine y apportèrent dans l'ordre politique, par leurs assemblées des hommes libres, l'élection du
roi pris dans la même famille, les jugements des causes
criminelles par les malls ou assemblées publiques, les dons
à titre d'honneur et de récompense qui, avec la clientèle
militaire, contiennent en puissance la féodalité ; de leur
système sur l'esclavage exclusif d'esclaves attachés à la personne, pour n'admettre que des esclaves attachés à la culture,
ce qui a dû influer sur le colonat et sur le *servage*, qui fut une
transition à l'affranchissement; enfin, de ce qu'ils y ont apporté dans l'ordre de la civilisation proprement dite, principalement de cet esprit de liberté individuelle, de ce sentiment
vif et profond d'indépendance personnelle qui distingue toujours l'individu du citoyen, et que les civilisations anciennes,
où l'Etat absorbait tout, n'ont pas connu [1]. Mais pour traiter
tout cela, il faudrait écrire des volumes, et je dois me res-
treindre dans les limites d'un mémoire académique.

Celui que je viens de communiquer à l'Académie n'avait
qu'un but, à savoir, de prouver que les écoles germanique
et gallique se sont laissé emporter trop souvent par un en-
thousiasme patriotique, au service duquel elles ont mis
les trésors d'une immense érudition. Elles ont eu, comme
l'école romaine, comme l'école féodale, comme toutes les
écoles possibles, dans leur culte pour un principe donné,

[1] Voir **M.** Guizot, *Histoire de la civilisation*, huitième lecon; M. Laferrière, en son résumé de son *Histoire du droit français*, t. III, chap. **XII,**

exagéré les conséquences ou la portée de ce principe. Les avertissements n'avaient pas manqué pourtant et semblaient devoir les empêcher de glisser sur la pente où elles ont été entraînées [1]; car on a fait remarquer depuis longtemps que, par suite de l'influence qu'ont exercée sur les mœurs, sur les constitutions et sur le droit les graves transformations mora les, politiques, religieuses et sociales qui se sont opérées, il étai bien difficile qu'un grand nombre de coutumes des conquét rants germains fussent arrivées jusqu'à nous [2]. Mais ces avertissements sont restés plus d'une fois infructueux. On n'a pas non plus voulu tenir assez compte de toute la part qu'il faut faire, dans nos lois, à cet esprit philosophique, qui est un des caractères les plus dominants de l'école française, et toutes les fois qu'une institution, parce qu'elle était philosophique, s'est trouvée d'accord avec quelques-uns des traits de la physionomie des coutumes germaniques ou celtiques, on a voulu reporter sur celles-ci l'honneur de l'institution moderne; on a voulu accorder aussi le même honnuer à des principes qui avaient été germaniques, sans doute, mais qui avaient complétement succombé en traversant le milieu qui sépare les temps mérovingiens et carlovingiens des temps nouveaux, et qui ont été rétablis ou relevés par des causes tout à fait indépendantes de leur origine [3]. Enfin, en donnant un libre cours à l'imagination, qui grossit toujours les objets, ou à l'esprit de système qui

résultats *caractéristiques, aperçu général*. M. Guérard, en ses savants *Prolégomènes* sur le polyptique de l'abbé Irminon, est loin de faire une part aussi large que ces deux auteurs aux influences germaniques (chap. **vi** , *De l'état des personnes*).

[1] Voir notamment l'abbé **Fleury**, *dict. loc.*, et Montesquieu, *Esprit des lois*, **xxviii**, chap. 11, et Gans, *dict. loc.*

[2] Voir en ce sens M. Guérard, *dict. loc.*

[3] Oserait-on soutenir que l'institution du jury nous vient des Germains, parce qu'ils avaient dans leurs forêts leurs assemblées d'hommes libres où se rendait la justice; parce qu'après l'invasion, ces assemblées se trans-

entraîne toujours trop loin, on a pris pour des institutions proprement dites ce qui ne constituait qu'un simple germe, lequel ne s'est développé que sous l'influence d'autres idées.

Tels sont les motifs principaux qui ont risqué dans des spéculations plus d'une fois aventureuses les écoles dont je viens de parler. Celles-ci n'en ont pas moins rendu de vrais services à la science, en donnant aux esprits une impulsion nouvelle, en les appelant sur un terrain qui, s'il n'était pas vierge, était susceptible d'être remué plus intimement, et par là elles ont ouvert à l'intelligence humaine des horizons nouveaux, et versé dans le commerce des idées des aperçus pleins de nouveauté et d'attrait; elles ont surtout jeté une vive lumière sur le berceau de nos institutions politiques, en éclairant, par l'interprétation des codes barbares, les origines de notre histoire nationale, et concouru à rendre aux objets leur couleur véritable, qui aussi a été longtemps faussée. Mais quelque éclatants que soient ces services, la critique ne saurait abdiquer ses droits, et il ne faut jamais perdre de vue que la science, quelque brillant que soit son prestige, doit, sous peine de dégénérer et de devenir dangereuse, rester scrupuleusement et inviolablement attachée à la réalité et à la vérité.

formèrent pour faire place aux *rachimbourg*, *arimans*, ou *boni homines* des comtes *? N'est-il pas certain que le système du jugement par les pairs **, conservé par les mœurs féodales, s'était effacé avec la féodalité, et que l'institution du jury est due tout entière à une imitation des lois des Anglais, dont les mœurs eurent une si grande influence sur l'esprit français à la fin du dernier siècle?

* Voir M. Augustin Thierry, *Récits mérovingiens*, deuxième récit, et M. Guizot *dict. loc.*, huitième leçon.
** Voir M. Laferrière, *Histoire du droit français*, t. IV, liv. V, chap. II, sect. IV, *Union de fief et de justice.*

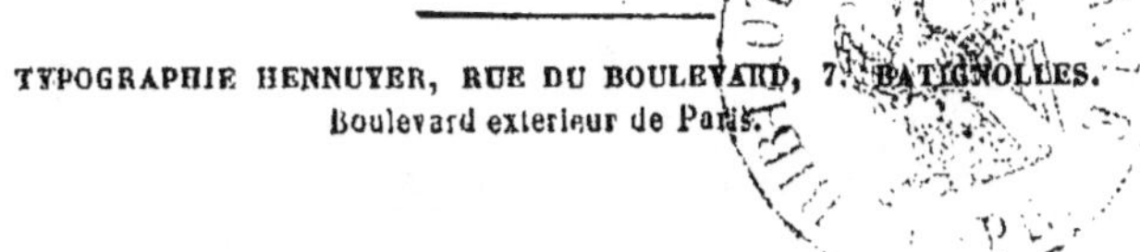

TYPOGRAPHIE HENNUYER, RUE DU BOULEVARD, 7, BATIGNOLLES.
Boulevard extérieur de Paris.